# CODE
## DE CYTHERE,
### OU
### LIT DE JUSTICE
### D'AMOUR.

---

*Tentanda via est , quâ me quoque possim*
*Tollere humo, victorque virûm volitare per auras.*

---

## A EROTOPOLIS,

**Chez le Dieu HARPOCRATES, à l'Enseigne
de la Nuit.**

---

*L'An du Monde 7746.*

# Tout ce qu'on voudra.

VOUS l'éxigez, Madame ; il faut vous obéir : le premier devoir de l'homme est de remplir les desirs d'une Belle. Vous ordonnez que le Code de Cythere paroisse : c'est trop long-tems se décider, me dites-vous d'un ton de colere. Allons, Madame, qu'il paroisse ; mais un moment, vous n'êtes peut-être pas assez injuste pour vouloir, que je le prenne sur mon compte.

A la mort de Monsieur D. C... vous me fites l'honneur de me re-

mettre ce Manuscript qui fut trou-
vé parmi les papiers du défunt, en
m'ordonnant de le lire attentive-
ment ; je l'examinai, & sans dé-
tour je vous en dis mon sentiment.
Voici où la tyrannie commence :
vous avez voulu qu'il devienne
mon propre Ouvrage ; & que j'oublie entierement que M. D. C. en
étoit l'Auteur. En vain je vous
représentai que l'entreprise étoit
au-dessus de mes forces ; que ce
n'étoit point assez d'être voluptueux
pour entamer & terminer une matiere aussi chatouilleuse ; que des talens superieurs y suffiroient à peine,
qu'enfin je me connoissois par la foiblesse des miens, moins propre à ex-
primer les affections de l'esprit &
du cœur, que capable de les sentir.

*Puis-je trop prendre de précautions dans le pas glissant où vous m'engagez ? Le voilà fait ce maudit Ouvrage ; le voilà farci d'un tas d'Anecdotes plus ridicules les unes que les autres ; le voilà en un mot inondé d'un torrent d'impertinences & submergé dans cette riviere de persifflage, dont on fait gloire. Malheureuse Brochure, va, cours à ta derniere destination ; vole ennuyer depuis les Cabinets jusqu'aux Antichambres. Ennuyeux Code, va faire bâiller Paris. Mais, Madame, souvenez-vous qu'il n'est point à moi. Qu'il soit à vous, si vous le voulez, j'y consens : Ah ! que dis-je, c'est vous faire un trop mauvais présent... Eh ! quoi, nous avons un si bon expédient. Lais-*

sons-le sur le dos du défunt ; sa
cendre n'en sera pas plus foulée :
& ce ne sera point la premiere fois
que les morts auront porté les fautes des vivans. C'est la seule fois,
Madame, que je chercherai à mo-
difier vos Ordres. Mon obéißance
est de trop près unie au Plaisir,
pour que jamais mon Cœur s'amuse
à alterer les intentions & les des-
seins de celle, dont je serai toujours,

Le très-humble & très-obéis-
sant Serviteur, &c.

DISCOURS

# DISCOURS
## PRÉLIMINAIRE.

Ouloir traitter du bonheur des hommes, n'eſt pas une petite entrepriſe ; avoir la témérité de leur en preſcrire le ſentier & les moyens, en eſt une bien épineuſe & bien délicate. S'ils s'égarent , on les plaint ; ſi on trempe dans leurs erreurs, on devient leur ennemi : le zèle eſt un crime , quand il n'arrive point à ſa per-fection. Quoiqu'il en ſoit , la matiere que je traite me met un bandeau pour les ſuites. Mortels , que je vous ſois odieux , pourvu que je vous ſois utile. Vous ſerez injuſtes ; ce ne ſera pas pour la premiere fois : je vous donnerai le bien être ; j'aurai rempli le devoir d'a-mi , de citoyen & d'homme.

Une choſe m'effraye : la difficulté du goût de ma Nation. Que faire , pour plaire à ce ſevère & inéxorable Public, qui ne vous mépriſe jamais davantage

a

qu'au moment qu'il vous fait grace ; à ce maître capricieux, qui souvent châtie son esclave, plutôt pour l'éprouver que pour le punir ? Pour lui plaire, il faut bien écrire, & écrire des choses utiles. Un Ecrivain, dit un Proverbe, qui veut être lu doit sacrifier & vouer sa plume à la Déesse des Graces. Ce divin Panégiriste de la nature, *Lucrece*, ce Soleil des Poëtes Latins, n'a peut-être passé à la postérité, que pour avoir prié Venus, de lui ouvrir le Temple de Mémoire. Cela suffit-il ? je lui sacrifie non-seulement ma plume, mais mon cœur & ma vie. *Venus*, charmante Déesse, mere du premier des Dieux, puisque par lui je sens que j'éxiste, compagne des Graces, Reine de l'Empire amoureux, maîtresse Souveraine de l'Univers, accepte mon hommage : rens heureux & content le plus fidéle & le plus sincere de tes Sujets. C'est pour la gloire de ton fils & la solidité de son Domaine, que j'entreprens cet Ouvrage : Ne me refuse point ton aveu, & autorisé de ton nom & de ta faveur, je suis sûr du triomphe.

Si l'esprit est rebutté, que le cœur au moins soit accepté. Beau sexe, je prens votre défense ; que dis je, je prens la

défenſe de la moindre partie de vous-
même. En parlant de vous, on ne peut
que chanter votre éloge. Tout plaît
parmi vous : vous êtes des maîtreſſes
Souveraines, & notre vrai bonheur ne
dépend que de nos fers. Etre l'eſclave
d'une Belle, me paroît préférable au titre de Roi du monde.

Je vous entens, cauſtiques mortels,
me crier, que de foibleſſe ! Vous êtes
vicieux, puis-je vous dire hardiment,
ou vous êtes malheureux. Vous bénirez
un jour le moment de votre deffaite ;
priez l'amour qu'il ne ſe vange pas ſur
vous, en vous donhant un vainqueur
qui vous faſſe rougir. Tout ſéduit dans
ſon Empire : les *D*...... font des ca-
ges & ſont ſûres de leurs conquêtes ;
les *F*.... privées de charmes, ſçavent
encore tendre des filets.

La nature n'eſt jamais plus brillante,
que lorſqu'elle a quelque ſimilitude avec
l'Art ; & l'Art n'étonne qu'au moment
qu'il ſemble avoir pris les traits de la nature. Décidez, fiers mortels, décidez C. D. C.
lequel eſt le plus admirable, ou d'une
belle femme, qui ne ſe fardant & ne
ſe parant jamais, ſemble par l'éclat qui
l'accompagne avoir employé toutes les

finesses de la coquetterie, ou de celle qui au milieu des artifices les plus raffinés, semble n'être ornée que des mains de la simple nature.

Décidez encore pourquoi nous voyons tous les jours mille beautés différentes, plaire & affecter notre cœur aussi vivement les unes que les autres. Comment la nature peut-elle se jouer elle-même en tant de façons opposées les unes aux autres, sans s'écarter de la perfection de son objet ?

Ce premier Moteur de l'Univers est un *Titien*, un *Raphaël* : ces admirables Peintres avoient moins de peine à inventer qu'à copier ; ils ne pouvoient captiver la fougue hardie de leur pinceau sublime jusqu'à imiter. L'artifice demande un modéle, & ne peut rien sans lui : la nature tire ses sujets de son propre fond ; les sujets ne lui manqueront pas ; elle est inépuisable.

Tout est donc un miracle & une cause d'étonnement chez elle ? Non, non, sortez d'erreur. L'admiration est la marque ordinaire & l'attache de l'ignorance ; elle ne tient point son origine de la perfection de l'objet admiré, mais des bornes de l'entendement de l'admirateur. Tout ce qui nous environne ( qu'on me paſſe la comparaiſon ) eſt une Gibbeciere adroitement développée par un joueur de Gobelets , dont la fineſſe & la ſouple dextérité, nous empêchant de le connoître, nous contraint d'être étonnés.

Nature , que tes œuvres ſont grands ! ils ſont ſans bornes. Si tu eus inſpiré à A.p.d.S. l'homme & à la femme le ſentiment intime de s'adorer réciproquement & de ſe rendre hommage l'un à l'autre; ( tu le pouvois ſans doute ; rien n'eſt ſupérieur à ta puiſſance. ) les ſacrifices auroient été ſans feinte & ſans déguiſement; l'encens auroit été ſincere , & les vœux auroient eu l'ame pour ſource : quelle religion plus reſpectable, que celle où l'idole n'eſt pas placée ſur un Autel , mais portée dans le cœur ! Point de fourbe dans cette nouvelle Religion : que n'en ſuis-je le Prophète & le Sectaire ! Point de contrainte dans les hommages. On n'auroit pu craindre que l'excès oppoſé, le fanatiſme. Oui, je le dis, & ne ſuis pas le premier ; ſi les hommes aimoient leur Dieu, comme ils aiment les femmes, ils ſeroient tous de grands Saints.

Demandez à chaque Nation le motif de sa différente façon d'aimer & de témoigner son ardeur.

L'un aime, mais il craint de le faire paroître; sa passion est un mystere : il regarde l'objet, qui le tient sous ses loix, comme un objet qui le séduit : il est toujours sur ses gardes, & c'est pour lui le comble du bonheur, d'en être délivré.

L'autre se reproche comme des instans de néant ceux qu'il passe sans inclination : sa liberté consiste dans un éternel esclavage; il préfére ses chaînes aux trésors de l'Univers.

Celui-ci ne se fait une douceur d'aimer, que pour avoir celle de tiranniser la Belle qui l'enflamme. Son hommage est un tourment, son ardeur une furie, & l'infortunée qu'il adore est une victime, qu'il immole tous les jours.

Je n'en veux point à ma Nation; mais je suis obligé de dire, que le seul amour indéffiniffable est celui d'un *François*. Il s'engage par hazard, est constant par habitude & infidéle par caprice : quand il croit son bonheur de partie dans une passion qu'il forme, il soutient la gageure; & quelquefois les momens, où il montre le plus d'ardeur, sont les momens fatals, qui le voyent rompre sa chaîne, & se révolter. De l'amour à l'indifférence chez lui il n'y a qu'un pas : plus de ressource pour la Belle qu'il abandonne : c'est un déserteur, qui ne remet jamais le pied sur la terre, où il sçait que son Arrêt de mort est prononcé.

Que l'amour François diffère de l'Asiatique & du Romain ; celui-ci ne se sert de son flambeau, que pour embraser & pénétrer de son ardeur ; mais l'autre n'a des aîles, que pour décider sa légéreté & son humeur volage. *Cyrus*, après dix ans d'hommages & de respects, découvrit sa passion en tremblant à la vertueuse *Mandane* ; & *Clélie* pouvoit bien mourir, sans apprendre d'*Arons* une telle vérité, si le hazard ne se fût chargé de la confidence : Nos Héros modernes abrégent la besogne. Nul Orateur n'a la parole plus en main qu'un petit-maître amoureux : si l'offre inattendue de ses services est benignement écoutée, à la bonne heure. Belles, ne vous contraignez pas dans vos réponses, crainte de l'affliger, & le mettre au désespoir. Il est impassible, comme les Dieux d'*Epicure* ; il possede, comme eux, l'inestimable talent de noyer dans l'Ambroisie le mau-

vais succès de sa tentative. Selon l'usage
si l'objet répond à ses vœux , en approuvant l'offre de son cœur & l'épreuve
de ses sermens , le Poëme se conclud
sans délai ; on prend des arrangemens
pour la nuit suivante , & cet engage-
ment éternel se perpétue quelquefois
jusqu'à huitaine , à moins qu'il ne fi-
nisse plutôt.

Quelque nouvelle débarquée , peu
faite encore aux mœurs de la Capitale,
pourroit se lamenter en faveur de la
délaissée. Tranquillisez-vous , pauvre
Etrangere ; elle n'attendoit que ce promt
veuvage , pour convoler en trentiéme
noce , avant sa majorité qui n'arrivera
que l'année prochaine. Voilà comme
notre jeunesse des deux sexes est prin-
tanniere & expéditive : elle a mis les régles du *Tendre* sur le bon ton ; & graces
à ses soins , les coutumes du *Lignon* se
sont amelliorées dans notre Siécle. Les
Amans du jour meurent de faim , quand
ils sont 24 heures dans l'espérance ; ils
buttent au solide. On aime , comme on
souppe : le repas est friand & délicieux ;
les convives bien choisis ; rien ne manque à la bonne chere : on sort de table
très-content ; on conte le lendemain

avec plaisir l'ordre & le nombre des services, l'excellence du Cuisinier ; on n'oublie ni l'élégance somptueuse des sur-tous & du dessert, ni la bonté du vin de *Tokai* : mais peut-être ne soupera-t-on pas une seconde fois de l'Hyver dans la même maison. En amour, on observe le même procédé, on adore sa nouvelle conquête ; on est transporté du bonheur de l'avoir faite ; on ne la perd pas de vue ; & tant qu'une semaine peut s'étendre, l'amour tient table ouverte ; les mets sont friands ; les convives y payent de leur personne : mais on se sépare enfin, & chacun va publier d'abord à l'oreille l'agrément & l'ordre de ses plaisirs, & par des récits plus circonstanciés éxagérer son bonheur, sans omettre les Anecdotes les plus singulieres : mais après un ferme propos d'y avoir été pour la derniere fois, on divulgue cette historiette dans les Chauffoirs & sur l'escalier de l'*Opéra*, en attendant qu'on aille au Printems la chanter sous l'habit d'un Vaudeville, le long des frontieres de l'*Empire*, ou dans les défilés du *Piémont* & du *Mont-Ferrat*.

Le moyen, en effet, que dans une passion attiédie, un jeune homme se prive

du plaifir de raconter à fes amis je ne
fçais combien d'anecdotes de fa derniere
avanture affez plaifantes d'elles-mêmes,
& qui flattent fon amour propre ? Le
moyen qu'il s'impofe cette contrainte
par ménagement pour une perfonne, qui
n'eft différente des *Héroïnes de Théatre*, que parcequ'elle a un large Suiffe
à fa porte, qu'elle chante fort peu, &
qu'elle danfe mal.

Pourquoi blâmer l'Amour, fi les Amans
font infenfés & dans l'erreur ? ce Dieu
ne détourne point de la route, qui conduit à la fageffe & à la vertu. Qu'eft-
ce donc que l'Amour ? Queftion mille
fois faite & jamais décidée. C'eft l'ame
de l'Univers : c'eft le reffort principal
de tout ce qui fe meut : c'eft le Pere
du Printems : Zephire ne répand la douceur de fon haleine que par lui : définir
l'amour ; le cœur le peut, puifqu'il le
fent ; l'efprit manque de termes, il ne
le conçoit pas affez. L'amour n'eft ni
Dieu ni homme, ni mâle ni femelle ;
c'eft un Etre qui femble ne fe plaire que
dans les Extrêmes : il a l'audace des Héros, & la timidité des Femmes : il allie
la manie des rnfenfés à la raifon des Philofophes,

C'eſt un Protée, qui découvre notre foible, & s'intime à notre paſſion favorite. Venus, Plutus & la Vertu ſont les divinités à qui l'on ſacrifie, quand on croit donner ſon encens au ſeul amour. On aime d'ordinaire les Belles par inclination, les Laides par intérêt, & les Vertueuſes par raiſon.

Parmi le Peuple, la richeſſe tient lieu de beauté ; parmi les Grands, la beauté tient lieu de vertu. Chez les unes, leurs tréſors eſt la boëte de *Circé* ; elle leur rend leurs charmes, & leur donne même ceux qu'elles n'ont jamais connus. Les autres ſont auſſi chaſtes que *Diane*, parcequ'elles en ont les attraits.

Combien de fois arrive-t-il, que ces paſſions qu'on croit bien cimentées, qu'on a juré cent fois n'avoir d'autre terme que le tombeau, ſe détruiſent, diſparoiſſent, s'anéantiſſent ? Cette fortune, ces richeſſes, ce tréſor mal aſſuré ſe diſſipe, & l'Amant voit ſon idole dépouillé de ſes ornemens ; il déteſte ſon culte, abjure ſon erreur, & détruit ſes ſermens. Deux paſſions différentes font voir en un moment le même objet dans un point de vue tout oppoſé. L'amour rend aimable, ce qu'un inſtant après la haine rend difforme.

Il est pourtant une ressource ; souvent ce qu'on prend pour haine n'est qu'un amour furieux ; c'est la jalousie, ce monstre que le Ciel irrité contre les humains excita des Enfers, pour les châtier de leurs crimes : la rage & le désespoir l'accompagnent ; son sein est dévoré de mille serpens ; elle n'en est soulagée qu'au moment qu'elle voit un mortel en être tourmenté en sa présence. Son visage est affreux, ses membres palpitans de furie, ses cheveux hérissés & ensanglantés. Ce fleau des hommes & des Dieux, qui de son souffle renverse les Empires, de son haleine infecte & corrompt les Elemens; ce démon, qui d'un seul de ses regards fait trembler tout l'Univers, est enfant de l'Amour & de la Crainte.

Tout change dans l'objet qu'on aime ; les habits d'Irus sont plus éclatans & plus riches à des yeux passionnés, que ceux des Rois d'Orient ; c'est un tissu de pierreries, c'est le trésor des Incas. La parole est douce & enchanteresse ; les actions séduisantes ; d'un coup d'œil on engage, & le cœur qu'on a blessé voudroit être seul dans l'Univers avec son idole, tant il eſt jaloux de ſon bonheur,& craint ſa perte.

Un amour appuyé ſur la beauté , la jeuneſſe, la complaiſance, l'éloquence, & la volupté eſt un amour ſûr de vaincre. Il paroît ; tout lui céde , tout eſt ſoumis. Il s'éloigne ; on le regrette , tout languit. Avec lui, un Déſert étoit un Temple ; ſans lui, un Palais eſt un ſéjour affreux.

Si l'eſprit dit ; j'aimerai toujours , c'eſt un fourbe : preſque toujours, quand il dit ; j'aime , il eſt menteur. Si le cœur dit ; j'aime , il eſt ſincere : lorſqu'il dit ; j'aimerai toujours , il n'eſt pas impoſteur ; c'eſt ſeulement un imprudent, qui ſe fie trop ſur ſes forces. Son erreur eſt-elle un crime ? Non ſans doute : ce n'eſt point inſulter l'Amour d'être inconſtant : c'eſt faire tort à la Belle. Les Dieux veulent de la variété dans leurs offrandes ; bruler toujours de l'encens ſur leurs Autels , ce feroit les entêter : ils veulent des fleurs , des fruits , des Victimes. Aimer aujourd'hui *B...* parcequ'elle eſt brune ; céder demain à *V.....* parcequ'elle eſt blonde ; c'eſt jouir en ſage Philoſophe des plaiſirs qu'accorde Venus ; c'eſt courir à la réalité ; les ſer-

mens amoureux ne fe gravent pas fur l'ai-
rain ; Aquilon fe plaît à les diffiper. *Ju-
piter* fourit au parjure des Amans : cent
fois lui-même il leur en a donné l'é-
xemple. La perſévérance eft une folie, &
le bonheur qu'elle promet un fonge. Le
conftant en amour eft infenſé ; le vrai
fage eft infidéle. Un buveur rend-il
moins fon hommage à Bacchus , en faifant difparoître le vin de *Beaune* devant
le vin d'*Eſpagne* ?

V.L.P.     Delà peut-être la raiſon , qui fait voir
à un mari toutes les femmes charman-
tes , excepté la fienne. N'en eft-il pas
des plaifirs du mariage , comme d'un
excès de table ? Mange-t-on trop d'une
choſe , le dégoût fuit la fatieté ; on ne
peut plus fouffrir ce ragoût : mais le Palais en eft-il moins friand d'autres mets?
Non, fans doute. Les Maris à mon avis
reffemblent beaucoup aux Renards de
Samfon , qui ne faifoient tant de mal
que parcequ'ils étoient attachés par la
queue. N'en voyons-nous pas tous les
jours être des *Timons* dans le fein de
leur famille , & des *Ovides* par tout ailleurs.

Les femmes doivent encore fe reprocher la fource de l'attiédiffement & de

l'ennui qu'elles remarquent en eux : elles n'ont à leur parler que d'étoffes, de parures, de migraines & d'infomnies. Le mari furieux & excedé, ne l'entretient par vengeance, que de chaffe, de jeu, de vin & de plaifanteries Bacchiques & devergondées, qui ont été hazardées au fouper qu'il quitte. Les deux Epoux fçavent dès le bas de l'efcalier, ce qu'ils doivent entendre en rentrant au Logis; & la fotte Monotonie de ces converfations leur empeze l'efprit, étourdit la gayeté naturelle à leur âge, & les rend faftidieux l'un pour l'autre. Le mari fçait fa femme fur le bout du doigt dès la premiere nuit, & elle l'a appris par cœur dans la femaine. Quelles découvertes leur reftent-il à faire durant cinquante ans, qu'ils ont à s'ennuyer enfemble? Aucune affurément : ils n'ont d'autre occupation, qu'à fe dégouter l'un de l'autre & à fe rendre infupportables.

Epoux capricieux, Epoux injuftes, vous vous attirez fur la tête des tréfors de colére : le glaive vengeur eft prêt à vous frapper; vous touchez au moment fatal; le coup eft parti. Fuyez dorénavant toutes les Coupes, quand vous voudrez boire, crainte de trouver fous votre main, la funeste Coupe *du Chevalier de l'Arioste*. Il est affreux d'être infortuné ; mais c'est le comble de l'horreur de sentir tout son malheur. Voir tranquillement son front chargé d'ignominie, par les avantures d'une infame moitié, à qui on s'est lié pour la vie ; c'est le fait d'un *saint* qui rapporte tout à son Dieu, ou d'un *sot* qui digere paisiblement les affronts.

Misérable Epoux, ta femme est libertine : pense-tu que ce soit là ton seul malheur ? Non : elle te méprise, elle te déchire, elle te raille, elle te ruine : par degrés elle arrivera au plus grand des crimes, & le jour que ses soins perfides t'auront donné la mort, sera pour elle le jour le plus agréable : une femme adultere est mille fois plus dangereuse, qu'une Courtisane la plus débauchée ; celle-ci fait son métier ; la seule bonté est son défaut : elle n'est pas capable de tendre des piéges à qui que ce soit : l'autre est un tissu de fourberies : on ne doit jamais s'en méfier davantage, qu'au moment qu'elle caresse le plus. Enfin il me semble voir le Tombeau de nos Princes ; le dehors est le Temple du luxe & de l'orgueil ; le dedans est le Théatre de

l'horreur

l'horreur & des vers. Ah ! détournons les yeux de ces Tableaux ; parlons de l'Amour & de ſes douceurs, & quittons l'Hymen & ſes ſuites horribles.

Peut-on reprocher à l'homme de ne pas connoître aſſez le prix de ſa liberté, & de la ſacrifier au premier tyran, qui ſe préſente ? Les foibleſſes & les galante-ries des anciens *Philoſophes* ſeront une preuve inconteſtable, qu'on veut en vain réſiſter à l'amour ; que ſe flatter de le vaincre, c'eſt trop préſumer de ſes for-ces, puiſque ces auguſtes & ſéveres Ré-formateurs du genre humain en ont eux-mêmes ſenti la puiſſance.

*Diogene*, ce Cinique impitoyable, voulant que tout ſe trouvât dans la ſim-plicité de la nature, ce Diogene deſiroit que les femmes fuſſent en commun. Il reſſentit la paſſion la plus vive pour la plus aimable Courtiſane de ſon ſiécle ; je n'en ſuis point ſurpris : il fut payé de retour ; c'eſt une preuve que l'amour eſt aveugle. Un Diogene couvert de hail-lons, aſſis ſur un fumier, n'ayant d'au-tres richeſſes qu'un corps aſſez dégoûtant, plaît à *Laïs* : un *Ariſtippe* auroit donc été adoré ? Point du tout : le ſale Dio-gene, dans les horreurs de ſon taudis,

b

cachoit quelque Pierre Précieuse. On
fçait de quelle maniere les Places publiques le voyoient éteindre les feux qui le
dévoroient, & l'infame plaisanterie qu'il
alléguoit en cette occasion : Que ne puis-
je soulager ma faim aussi facilement en
me frottant le ventre ! L'amour, selon
lui, n'étoit fondé que sur la pétulen-
ce du sang, & sur les nécessités du
tempérament ; il ne devoit durer, &
n'avoit d'autre aliment pour se perpétuer
que le résultat d'une digestion, Telle est
à peu près ce qu'on appelle galanterie
de Cour. Depuis que le grand *Al* .... se
consola de la perte de la charmante *Té-
nie*, par les tendresses pieuses de celle qui
la remplaça, les Scrupules gagnerent le
haut du pavé ; le *Bégueulisme* chassa les
plaisirs ; l'hypocrisie s'empara du Courti-
san : tout commerce galand, devenu dans
ces conjonctures ruineux pour la fortune,
tomba de lui-même, & la seule débauche appuyée des besoins corporels prit
la place du véritable amour.

Id.      *Socrate*, dans un âge fort avancé,
avoua qu'il avoit senti pendant cinq jours
de suite un chatouillement étrange, pour
avoir été seulement touché à l'épaule par
une jeune fille : *Dæmonium Carnis colla-*

*flzabat eum.* Il étoit trop Philosophe pour en impofer : fon choix de plus n'auroit pas été brillant pour un Philofophe.

Le divin *Platon*, ce Fondateur d'une République auffi divine que lui, ce Sage que quelques langues vénimeufes appelloient *Sathon bene Mutoniatus*, déridoit quelquefois l'aufterité de fa Philofophie dans les bras de fa chere *Archéanaffe*. Que dis-je ? peut-être la dépofoit-il à fes genoux. Le crime à fes yeux ne confiftoit pas à gouter le plaifir, mais à en devenir l'efclave.

Le Pere de la Secte Stoïcienne, *Zénon* donna un exemple de fa modération en fait d'amour : il admit une feule fois fa fervante dans fon lit, pour prouver qu'il ne haïffoit point le beau fexe ; mais il ne lui accorda pas la feconde, craignant de paffer pour fon captif. Il a laiffé à la poftérité un traité, pour regler les mouvemens de l'acte Conjugal. Il démontra avec toute la fageffe & la prudence d'un Philofophe, les différentes gradations du plaifir. Zenon accordant une foibleffe à fon Stoïcifme, accorde à l'humanité le droit de rechute. Il me fait fouvenir de ce *Fondateur*, non d'une Secte de Philofophes, mais d'un Cou-

vent d'*Anachoretes* , qui n'accepta &
n'alla même au-devant de l'idée du plaifir , que pour le braver. Ce fecret étoit
réfervé aux Suppôts de la Loi Nouvelle :
*Robert d'Arbrifelles* l'inventa , & le con-
duifit à fon plus haut point de perfection : il y trouva de grands obftacles de
la part de celles, qu'il choififfoit pour témoins de fa continence ; & c'eft là ce
qui établit le plus fûrement fa réputation. Ah ! Robert d'Arbrifelles ; vous
êtes un Saint. Les autres ont réfifté en
tremblant , & ont évité la tentation ;
vous l'appellez , l'attaquez & la domptez.
*Tu meliori conditus agro* ; *nos fumus Ar-*
*gillæ deterioris opus.* J'ofe pourtant avan-
cer, que je connois de fidéles imitateurs de
votre indifférence , qui pour cela ne vous
prétendent point difputer l'honneur du
Fauteuil ou du Tabouret dans l'autre
Monde.

Que dira-t'on de *Seneque* , de ce Seneque qui fait nos délices , & qui , malgré fa morale auftere , n'a pu acquerir la
réputation d'homme chafte ? Prenant
modéle fur la fameufe *Flora* , qui n'ac-
cordoit fes faveurs qu'à des Dictateurs
& à des Confuls, fa délicateffe eût rougi
d'une intrigue Bourgeoife. Il falloit être

*Drufille* ou *Agrippine* pour lui plaire : fon ambition ne tendoit , qu'à armer le front des Dieux de la terre ; il ne redoutoit pas le fort funefte de l'infortuné Ixion : Les *Junons* du Capitole n'étoient point inéxorables.

Si ces maîtres de la vertu , fi ces ames Stoïciennes ont témoigné tant de fragilité ; que pouvons-nous , que devons-nous efpérer des hommes de notre fiécle ? Ils doivent tomber où ces grandes lumieres de la vérité & de la fageffe ont chancelé. Les jeunes gens aujourd'hui commanderont-ils mieux à leurs paffions, que ces inébranlables Philofophes? Seront-ils moins fenfibles à l'amour,que *Platon* ? Seront-ils moins hardis,que *Diogene* ? Seront-ils moins chatouilleux , que *Socrate* ?

L'amour de fpéculation eft trop difficile à vingt ans : il feroit même un ridicule de plus. Les jeunes gens, il eft vrai, font leur malheur de ce qui devroit faire leur félicité. Ils fe perdent en trois façons différentes;par M..., par fréquence des plaifirs,& par les fuites de la débauche.

Quant à la premiere caufe , lorfque les jeunes gens ont une fois appris ce jeu & ce paffe-tems criminel, ils n'y renoncent gueres , qu'après avoir connu les attraits du commerce des Femmes. Leurs raisons paroissent plausibles : ils sont sûrs ; personne ne pénetre leurs mysteres ; ils n'attendent après leur plaisir qu'autant qu'ils le veulent ; & il ne leur en coute rien. Ce sont d'excellens motifs que la sûreté, le secret, la commodité, & le bon marché. Je pardonnerois à ces maudits disciples d'*Onan* sur leur bonne foy & l'apparence de solidité de leurs raisons, s'ils avoient du moins la modération d'attendre les mouvemens de la nature. Quoique leur action lui soit contraire, elle ne leur causeroit pourtant pas plus de préjudice, moyennant cette prudente discrétion, que ne feroit la débauche avec les femmes : mais au lieu de cette réserve, ils outrent tous les jours ses bornes.

La fréquence des plaisirs est la seconde cause. Que d'aimables gens n'ont fait que paroître, & sont bientôt devenus des fantômes ambulans ! On plaît par les traits, par l'esprit, par ce ton, qu'on appelle le ton de bonne compagnie : on a tout d'un galant homme ; on n'est point content ; on veut avoir aussi les qualités d'un *Muletier*. Une femme à contenter est la vie d'un homme. Notre

France, que dis-je, cette Ville même retentit encore de l'infortune du plus aimable de nos Seigneurs. Il voulut vivre, & il n'a vécu qu'un jour : sa naissance & son tombeau étoient unis par un très-court intervalle : il vit, & n'est plus qu'une vapeur sans conséquence : *Tithon* porte son ardeur pour l'*Aurore* dans le fond de son cœur ; il n'a d'autres preuves que ses soins & sa complaisance. des actions d'une ombre sont des ombres d'action. L'infortuné peut dire avec vérité, ce que le fils de Téthis disoit au Roi d'Itaque dans les Enfers : *Quondam Achilles eram.*

La troisiéme cause est la corruption, cette cruelle ennemie qui a plus fait périr d'hommes, que Mars & Bellone n'en ont fait tomber sous la fureur de leurs coups ; la V.... en un mot, cette fille de la Luxure, formée du plus subtil poison, que sa séduisante mere exhale dans ses baisers, & dont elle humecte les lévres de ces infortunées victimes, le répand sur le champ au fond des veines. Son visage est affreux, sa bouche est une source d'où coule un fleuve plus funeste & plus terrible mille fois que le Stix empesté : son souffle seul est capable de donner le trépas : ceux qui en font atteints deviennent foibles, languiffans, exténués : une pâleur mortelle s'empare de leur vifage, & femble être l'étendart, qui annonce le triomphe de leur Tyran. Jeuneffe, foyez fur vos gardes : Venus eft une Charlatanne ; il eft ruineux d'être entre fes mains ; fes remedes font chers. Vous n'êtes pas gens à réflexion ; rien n'incommode plus ceux de votre âge que la morale. Soyez fourds & aveugles, puifque vous le voulez ; l'âge de la prudence fera pour vous le tems du repentir.

La *Goutte*, fille aînée de la V . . . peut fe comparer aux enfans des Rois : après avoir vécu quinze ou feize ans, on commence à fonger à les baptifer. Un grand homme ( pourquoi cacher fon nom ? C'eft *Montagne*, ) difoit que ne voulant point être inquiété de la caufe d'aucune maladie, il buvoit beaucoup, & accabloit Chloris de careffes, pour ne pas ignorer l'origine de la Goutte, lorfqu'il en feroit attaqué. Elle fe fait porter en litiere : l'Orgueil eft fon appanage ; maîtreffe difficile & vétilleufe, on ne la fert qu'en tremblant. Tout lui nuit, tout la chagrine : & quelque précaution qu'on ait à fatisfaire fes caprices, pour appaifer

fer & engourdir fa mauvaife humeur, il eft impoffible d'y parvenir. Elle murmure fans ceffe ; rien n'eft capable d'adoucir, de fléchir fon efprit farouche. Elle eft boiteufe, contrefaire ; elle a les doigts crochus ; & avec tant d'imperfections, elle a la vanité de vouloir habiter les Palais des Grands ; elle n'admet au rang de fes fujets que des gens aifés & opulens, tant elle a peur de mourir de miferes ; & ce qui eft encore moins fupportable, elle les retient des fiécles entiers fous fa domination. Si la Goutte eft la fille aînée de la V..... la Difformité eft fa cadette. Horrible maladie, ravageras-tu toujours la France ? tu fembles avoir oublié le refte du monde, pour faire fentir ta rage & ta furie à mes Concitoyens. Funefte guerre, portée mal à propos dans le centre de l'Italie ! nous triomphâmes ; en voilà les trophées.

*Parthenopes regnum fimul olim, Galle, Luemque*
*Cepifti ; reftat nunc tibi fola Lues.*

Les libertins fe divifent en trois claffes : les *Onaniftes*, les *Gitoniftes*, & les *Catiniftes*.

Les deux premiers irritent le Ciel fans doute : Ils font tort à la République ; auſſi les Légiſlateurs dans chaque état ont-ils commencé par y attacher les peines les plus ſéveres. Que ne les abandonne-t'on à eux-mêmes ; ils périront de leur propre ardeur , ſans employer un feu étranger pour les détruire. *M*.... pour effrayer le peuple dont il étoit le guide , attribua la mort de *H*... & d'*O*..... à la juſte fureur d'un Dieu irrité contre eux, pour le crime de M... Intérieurement il étoit trop ſçavant en Phyſique, pour ne pas ſçavoir à quoi s'en tenir ſur cet article : rien de plus naturel que cette mort ; les Médecins en conviennent. Le peu de ſolide que *T*... trouva dans des plaiſirs , dont on ne lui préſentoit que les avant-goûts, les faiſoit réïterer par forme de dédommagement. Pour l'obliger auſſi au ſilence, on fit des efforts. Cette malheureuſe épouſe garda le ſecret ; pourquoi lui ſavoir gré de ſa diſcrétion ? Elle y étoit la premiere intéreſſée : on eût pu attribuer deux morts ſi précipitées à un trop fort ordinaire , qu'elle exigeoit des défunts , dont la tendreſſe de l'âge les rendoit inſolvables.

L'amour de ſon ſexe doit être regardé comme une Folie Maniaque & une fureur : c'eſt un genre de maladie. Souvent cet excès deLibertinage se trouve dans les avares & les gens sans sentiment ; il s'allie à tous les vices imaginables ; il est le pere de l'audace & de l'effronterie.

Mais, me dira-t-on, où je vois des grands Hommes, j'entre en carriere, & ne suis pas plus criminel qu'eux. *Hercule, Orphée, Socrate, Aristogiton, Amileon, Mélanippe*, & tant d'autres m'en ont donné l'exemple. Eh ! Qui êtes vous donc, pour avoir le droit d'imiter les grands Hommes dans leurs erreurs, vous qui ne connoissez que le nom de leurs vertus ? Avez vous acquis le droit d'être vicieux impunément ? Votre pere fut un Heros ; êtes-vous brave ? Montrez vos blessures : le public vous connoît & vous méprise : vous êtes noté d'infamie : que voulez-vous donc ? Vous êtes au-dessous du néant, & vous prétendez vous comparer à des hommes, qui sans cette erreur auroient eu des Autels.

Ce vice a autant ruiné l'humanité, que l'invention de la Galanterie a perdu & corrompu le sexe trop foible pour y résister ; & tandis que le *Gitonisme* faisant flotter son étendart, enrôloit sous ses drapeaux la plupart des Maris ; le mystérieux & discret Adultere se glissoit

chez la triste Epouse , attaquoit la place ,
& faisoit jouer sa mine à propos. Les
époux enfin devinrent jaloux ; ces en-
vieux Vulcains vouloient seuls avoir
droit de battre l'enclume , & préten-
doient chasser les *Adonis* , qui ne ser-
voient pas peu à consoler leurs *Venus*.

    Delà ces malheureuses inventions que
la jalousie de certains Pays a trouvées ,
ou dont le Dieu de Lemnos fut l'inven-
teur. La *France* , ce Pays de liberté , en
connut bientôt l'éxistence & les rigueurs :
ce fut sous les regnes de Charles IX. &
d'Henri III. L'amour n'avoit plus de
ressources : ses Temples étoient fermés ;
& le tendre Sacrificateur , plein de zèle
pour son Dieu , ne pouvoit faire fumer
son encens que sur le Portique. Le Mar-
chand qui apporta ces infames & détes-
tables joyaux , fut menacé d'un triste
sort par les galans des Belles. Le sexe de
son côté ne lui préparoit pas moins que
le destin d'*Orphée* déchiré par les fu-
rieuses *Bacchantes* ; quand l'amour , s'in-
téressant à sa propre cause , inspira une
de ces aimables Prisonnieres. Elle eut recours à un Serrurier , qui la délivra de
la peine où elle étoit : notre Belle joua
le Rôle de *Philotis* au milieu de ses Com-

pagnes ; elle ne fauva pas *Paris* des traits
des ennemis : elle fit plus ; elle rendit la
liberté à fes Compagnes & à leurs Amans.
Elles remuerent, décadenacerent & dé-
placerent la Serrure : leurs maris igno-
roient ce qui fe paffoit dans l'intérieur ,
& elles furent fecrettes cette fois-là.

Maris jaloux, vous méritiez votre fort;
perfonne ne vous plaint. En a-t-on jamais vu, qui, par leurs brufques caprices
& leurs foupçons déplacés, ne foient
parvenus à la fin à devenir ce qu'ils ap-
préhendoient d'être ? Maris jaloux , vous
êtes infenfés ; vous cherchez un fecret ,
dont la découverte ne peut que détruire
votre bonheur & vous ravir votre repos.
La patience d'une femme vertueufe , dit
notre Marc Antonin Moderne, reffem-
ble au diamant, qui réfifte long-tems aux
coups redoublés du marteau , & qui à la
fin fe brife & fe réduit en poudre.

Les Dames dans ces tems-là n'igno-
roient pas non plus le flatteur ufage de
certains joyeux bijoux, comme les quatre que *Cathérine de Médicis* trouva
dans la caffette d'une de fes filles d'honneur, lorfqu'un jour, dans le tems de la
*Ligue* , elle couroit de chambre en chambre dans le *Louvre* , & fe faifoit tout

ouvrir, pour s'aſſurer s'il n'y avoit point
d'armes cachées. Elle ne vit point de
poignards ni d'inſtrumens meurtriers : les
Dames de ce ſiécle n'aimoient pas le
ſang : il inſpire l'horreur. Elle trouva la
conſolation & la reſſource d'une femme
amoureuſe & abandonnée à elle-même.
Ce n'eſt pas une invention nouvelle :
*Laufella* & l'Epouſe de *Valerius Clau-*
*dius* en connoiſſoient tous les charmes.
Les Sacrifices de la Bonne Déeſſe, ces
Fêtes myſtérieuſes, ces Orgies nocturnes
en apporterent l'uſage à ces fieres Romaines. Depuis ce tems, il n'eſt pas re-
tombé dans l'oubli. Je crois au contraire
qu'on a renchéri ſur le ſiécle de Neron
pour le fond & pour la forme. C'eſt le
propre des Arts intéreſſans & utiles à la
Société, de gagner leur perfection par la
ſuite : on les ébauche d'abord ; il vient à
la fin un Inſpiré, qui donne le coup de
maître. Quant à celui-ci, c'eſt le jouet
des affligées & l'amuſement de la retraite. Qu'en veut-on dire ? Eſt-ce faire
du tort à ſon prochain ? Non ; laiſſons-
les donc : elles ne nous font point de mal.
Ne ſont-elles pas déja aſſez malheureu-
ſes, de ce qu'on ne leur veut aucun bien ?

Quant à la troiſiéme claſſe, que j'ai appellée les *Catinistes* ; c'eft la plus nombreufe, la plus favorifée : c'eft celle de l'Amour : Venus en eft la Reine , & le Plaifir le guide.

C'eft une néceffité , c'eft un bien qu'il y ait des Courtifanes ; *Cyrus* & *Scipion* deffendirent leurs Camps aux femmes publiques : Mille malheurs en furent les fuites. Les Grecs pendant dix ans de fiége aux remparts de *Troye* furent fans femme : c'eft être fans ame.

> *Itaque per annos Achivi maftuprati funt*
> *decem ,*
> *( Acerba prorfus militia ) qui oppido*
> *Uno potiti , latiore multo podice*
> *Recefferunt , quam capta urbs ipfa foret.*

*Antilochus* , *Patrocle* & *Nirée* confolerent le vaillant fils de Téthis de l'abfence de fon aimable captive ; fouvent il jouoit fes plaifirs à croix & pile entr'eux & elle , comme dans nos repas nous faifons fuccéder le *Champagne* au *Bourgogne* , & les *Liqueurs* au *Champagne*. Croit-t'on que l'aimable *Sthenelus* n'ait pas quelquefois diffipé le brave *Diomede* de fes idées mélancoliques fur fon éloignement de fa tendre *Egialée* : mais auffi , il le croyoit mauvaife paye ; car il se fit à son retour rembourser par la femme ce qu'il avoit prêté au mari.

L'amour à part, c'étoit de singuliers personnages que ces antiques Chevaliers : comparons un moment la façon de vivre de ces fameux Héros avec la nôtre. Je vois des *Agamemnons*, des *Ajaxs*, des *Ulysses*, des *Achilles* s'enfumer eux-mêmes au coin de leur cheminée à tourner leur broche ; ils font sans honte le métier de Boucher & de Valet-de-chambre : ils sont des Mois entiers sans se baigner, sans même se laver les mains. Combien de ces guerriers auroient eu droit au *Généralat des Capucins* ! Le luxe & la molesse étoient inconnus dans ces siécles : en-étoient-ils plus heureux ? non, non : j'en juge par moi-même. Je serois mille fois plus fortuné, si j'avois la commodité d'être mille fois plus Paresseux : la Paresse est mon tic ; j'ai cela de commun avec les *Philosophes* & les *Moines*.

Quelques Stoïciens de l'Antiquité, quelques vieux Radoteurs, fiers de leurs haillons, incaguoient la fortune, & se croyoient souverainement heureux dans ce pitoyable état Ils l'étoient en effet, graces à leur imagination. Mais nos sages Contemporains ne l'ont pas si chaude

à beaucoup près. La Philofophie du fiécle veut de l'aifance ; tout eft de mode ;
le Luxe a pris le deffus ; & la Volupté
maintenant a tant d'appétits à fatisfaire,
qu'il n'eft pas poffible d'y fournir, fans
un honnête revenu. L'homme d'efprit &
d'ordre en eft quitte, à la vérité, à meilleur marché ; & fa condition eft incomparablement préférable à celle d'un Mil-
lionaire & d'un B... dont le goût émouffé
par les excès trouve fouvent de l'ennui
dans le fein même de la joie. Il y a prefque
toujours autant d'inconvéniens d'être trop
riche, que de ne l'être pas affez. L'un eft
le martyr de fon abondance, l'autre de
fa difette. C'eft à l'état médiocre que
font réfervées les douceurs de la vie :
quand nos facultés font bornées, nous
connoiffons le prix des plaifirs, & notre
cœur retenu par la néceffité nous donne
le tems de les favourer.

Je voudrois jouir d'un bonheur certain, poffeder tout ce qui pourroit contribuer à mon plaifir : je ne fuis pas le
feul, qui ait fait ce fouhait. J'entens *Epicure*, ce Philofophe & ce Pere de la
Volupté, qui me donne des confeils. Jouis
du plaifir préfent, me dit-il, pourvu
qu'il ne t'enleve pas l'efpoir du plaifir

futur. Ainſi ſur l'aveu que je lui ferois
du penchant que j'ai au Libertinage, il
me diroit : Sois Libertin, je le veux ;
mais pour que ton deſſein & ton goût
ſe ſoutiennent, ne te ruines pas ; quand
tu ſeras ſans argent, tu ſeras ſans reſſource pour le Plaiſir : crains la perte de
ta ſanté, & l'arrivée de ces maladies, qui
banniſſent bientôt par leurs vives dou-
leurs l'idée du délicieux moment, qui les
a fait naître : Souviens-toi que tes veil-
les journalieres ſeront un jour regret-
tées dans des momens précieux, où le
ſommeil viendra t'attaquer, lorſque tu
deteſteras ſa préſence, & voudras fuir
ſes pavots importuns. Si je lui diſois,
la femme de mon voiſin eſt bien aimable : il me répondroit : Tâche d'en jouir;
mais garantis-toi de la ſévérité des loix,
qui condamnent & puniſſent l'Adultere :
ſois-toujours en méfiance contre un Mari,
qui pour le prix de ſon honneur ne ſe
peut payer que de ta vie : que tes yeux
ſoient ouverts ſur cette femme que tu as
ſéduite, ou peut-être qui t'as toi-même
corrompu. Elle a pu tromper ſon mari
pour toi ; elle pourra un jour te trahir
pour un autre.

Il faut donc chercher ſon Plaiſir dans

des bras où l'on puiffe en même-tems
trouver le Repos. Une Femme Publique
eft donc la feule reffource d'un tempérament amoureux. C'eft un Port neu-
tre ; il n'appartient pas plus à un Royaume qu'à un autre : chaque vaiffeau peut
y aborder. *Théodore* foutenoit publiquement , qu'un homme fage peut fans
honte fréquenter les Courtifanes. Ce
Philofophe fuivoit en cela le fentiment
de ce prudent Cordelier des Epigram-
mes de *Rouffeau*, qui aimoit mieux voir
vingt filles en un mois qu'une feule femme en un an , tant il étoit perfuadé de la
force & de l'énergie de ce Commande-
ment : *Non Mœchaberis.*

La *Fornication* ou le *Put....* eft moins V. L. P.
criminelle en elle-même & moins pré-
judiciable à la fociété , que les débau-
ches commifes avec des filles ou femmes
de particuliers : c'eft auffi pour la fureté
des honnêtes femmes , qu'on la tolere
dans tous les Royaumes du monde. Ces
Courtifanes font des victimes dévouées,
& livrées au libertinage & à la fureur
de la jeuneffe effrenée , qui fans elles
n'auroit rien de facré. Il vaut autant
qu'elles foient immolées , puifqu'elles
n'y répugnent pas. Que le coup foit porté

sans ménagement, puisqu'elles s'offrent au couteau sans crainte.

La Fornication consiste à avoir commerce avec cette sorte de femmes, qui, par une vocation indubitable, ont renoncé à la modestie, & levé le masque à la bienséance & à la pudeur. Pour une modique somme d'argent, elles font profession de se livrer aux embrassemens & aux caresses du premier venu : il est vrai que les endroits, où elles choisissent leur demeure, ne peuvent être abordés de ceux, qui ont soin de leur réputation. Le crime n'est que du côté de l'homme, & le mal ne regarde que lui seul : car pour la femme, il commet envers elle un acte louable, puisqu'il lui procure les moyens de subsister presque de la seule maniere innocente dont elle puisse se les procurer ; semblable à ce Danseur que tout un peuple siffloit, tandis que *Diogene* lui prodiguoit ses applaudissemens. Pourquoi, dit-on à cet austere Cinique, pourquoi lui êtes-vous favorable, étant aussi mauvais Comédien qu'il est ? Je l'encourage, dit-il, & je suis surpris qu'il ne soit pas déja voleur, voyant le peu de disposition, que la nature lui a donné pour l'état qu'il a choisi. De même, puifque les filles de joie ne peuvent gagner leur vie que de leur commerce ; qu'elles vivent. L'homme ne fait donc du tort qu'à lui-même, en ce qu'il ruine ou fa fanté ou fa fortune.

La Fornication peut être comparée à l'Ivrognerie, fur laquelle cependant elle a cet avantage, qu'elle remet les hommes dans leur fang-froid que les excès du vin leur ôtent.

S'il y avoit quelqu'apparence de tirer ces femmes de l'abîme, où elles fe plongent, & d'obtenir d'elles qu'elles gagnaffent leur vie par des voies honnêtes & moins diffamantes, il y auroit du crime à les encourager par le gain de leur profeffion : mais on fçait que la perte de leur honneur, ou pour dire plus vrai, les reproches qui fuivent cette perte, gâtent tellement ces infortunées, qu'elles rentrent rarement ou jamais dans le chemin de la Vertu. Leur retour ne pourroit rétablir leur réputation, fans laquelle néanmoins il eft impoffible qu'elles vivent agréablement dans une condition honnête. Une preuve évidente que la néceffité feule le fait perfévérer dans ce genre de vie, où elles font entrées malheureufement, c'eft qu'elles le déteftent toutes dans l'ame.

Je fçais ce qu'on me peut oppofer : s'il y a de l'avantage d'un côté ; il y a auffi de l'autre des fituations, où l'on voit le Tableau d'une façon bien odieufe.

Je fçais que, fi Venus eft pleine d'attraits pour ceux qui commencent à la connoître, elle change bientôt fes plaifirs en peines, & fes douceurs en amertumes : Je fçais que l'Etoile du Matin, qu'on nomme *Phofphore* pour fon agréable lumiere, eft fur le foir appellée *Vefper*, comme trifte avant-courriere de la nuit la plus fombre.

At.

Les Anciens nous ont laiffé cent définitions différentes d'une femme publique. Tantôt c'eft un Vaiffeau, que l'ufage ne fait que rendre meilleur : c'eft un vaiffeau qui n'eft bon voilier, qu'autant qu'il eft bien lefté. L'un appelle une Courtifane, une mer qui reçoit dans

Pl.

fes gouffres les débris d'une fuperbe flotte, fans en être plus riche. Aux yeux d'un autre, c'eft une Sirenne féduifante, qui par fes charmes, fes fons & fa douceur, nous détourne, nous féduit & nous entraîne dans le piége. Icy, c'eft un Oifeleur, qui joue d'une flutte harmonieufe, pour prendre les oifeaux, qui fe laiffent attirer à fes perfides accords : leur bouche

n'eft que miel , & leur cœur n'eft qu'a-
mertume. Enfin , c'eft une terre ingrate ,
qu'il faut longtems engraiffer & arro-
fer , avant d'en tirer profit.

Comparables aux *Veftales* en un feul C. Dev.
point , elles font exactes à tenir leur
lampe enflammée , & à y attifer conti-
nuellement le feu avec leurs doigts ,
comme fi elles craignoient , que la matiere manquât , pour la faire durer. La
Lumiere inextinguible , dont on avoit
donné la garde à ces chaftes Prêtreffes ,
eft la figure de celles-ci , dont les infa-
tiables Defirs ne peuvent jamais être
affouvis. C'eft un Volcan terrible , qui ,
dans fon embrafement , menace & épou-
vante la terre ; s'il fe repofe un inftant ,
ce n'eft que pour mieux porter le ra-
vage.

*Anaxilas* connoiffoit bien le fexe , & At.
particuliérement les Courtifanes. Etre
captif d'une femme publique , dit il ,
c'eft être le plus infortuné des hommes :
c'eft un Dragon ennemi du genre humain ; une Chimere , dont le fein vomit
feu & flammes ; un Gouffre auffi infatia-
ble que Charibde ; Scilla n'étoit pas plus
cruelle ; c'eft un Sphinx , qui prend toutes fortes de déguifemens & de fourbes ;

une Hydre, dont chaque caprice satis-
fait en fait renaître cent autres à remplir; une Lionne dans sa fureur; une
Vipere, dont le poison apporte la mort
la plus prompte; c'est l'inhumaine Ce-
leno, cette Reine des Harpies. A quoi
sert-il de comparer? C'est mettre le Tableau dans l'éloignement : le seul nom
de Courtisane présente à l'esprit une
idée mille fois plus terrible. Détaillons
ce Peuple odieux, & dévoilons ses horreurs.

Je vois *Plangon*, cette funeste Chimere; elle a ravagé de son poison &
de son haleine toutes les Provinces par
où elle a passé : un seul Chevalier, comme un autre *Bellerophon*, l'a domptée &
privée de la vie.

Avoir commerce avec l'ambitieuse
*Sinope*, n'est-ce pas connoître un Monstre aussi redoutable, que l'Hydre de
Lerne? Grands Dieux, vous êtes justes!
Notre malheur aura peut-être des bornes : *Sinope* est déja vieille, & son dernier soupir nous rendra le repos, que
depuis longtems elle nous a ravi.

*Nanno & Phriné*, vous êtes inséparar-
bles; vous en montrez plus de méchan-
ceté : n'êtes-vous pas dans votre émulation

tion jalouse , semblab'es à Scilla & à Charibde ? L'une a déja déchiré & dévoré deux amans, qui ne connoissoient pas les dangers & les écueils des Mers de Sicile : elle est prête à en saisir un troisiéme , qui aura beaucoup de peine à éviter la tristesse de son destin , malgré la bonté de son Vaisseau & la force de ses voiles. Sauve-toi , malheureux ; bénis le Ciel , s'il ne t'en coute que ta Poupe : tu seras le premier qui aura échappé. L'autre engloutiroit une flotte entiere , & toi, Pilote insensé , tu prétens sauver ta frêle barque ? L'impunité ne sera pas la suite de ta témérité.

Oui , femmes cruelles , qui n'avez que les défauts & les vices de votre sexe , vous êtes vraiment le Sphinx pour nous ; votre lit est le Mont Cythéron , où d'un seul regard vous séduisez notre raison , vous détruisez notre fortune & vous nous anéantissez.

Les Courtisanes Grecques & Romaines avoient , entr'autres défauts , les mêmes sentimens & la même avidité pour le gain que celles de notre siécle : elles n'ont pas dégénéré de ce côté-là ; il en est peu , qui se piquent de générosité & de désintéressement ; c'est là leur

d

moindre défaut. L'ordre parmi les anciennes Courtisanes n'étoit pas aussi bien établi qu'à préfent : elles alloient mutuellement fur les brifées, les unes des autres. *Nicon la Callipige* fe voit enlever fon Amant par la *Minaudiere Evardis* : les regrets & les larmes vont être fans doute fon unique reffource. Non, non ; elle fe vengera bientôt en raviffant à la tendre *Gnathana* celui, qui rempliffoit les defirs de fon cœur & fon ambition.

Aujourd'hui, c'eft une République en ordre : chacune choifit fon diftrict, comme nos Médecins. L'une ne voit chez elle que des gens de robe ; l'habit de deuil ne lui répugne pas.

L'autre, plus curieufe de fa fortune que de fon goût, n'ouvre fa maifon qu'aux Partifans & aux Sangfues du Peuple ; elle fçait qu'ils ne font avares que du bien d'autrui, & qu'ils répandent prodiguement le leur. Elle ne balance pas long-tems entre les richeffes & la nobleffe : elle fçait que ce Créfus moderne n'a de mérite perfonnel, que celui d'être exceffivement riche : dix mille écus pour une faveur étourdiffent les fens fur la difformité, la ftupidité & la mauvaife odeur. Doit-elle

lui sçavoir gré de sa tendresse ? Non :
le goût, qu'il se sent pour elle, succede
à la passion qu'il avoit pour les *Concerts
de Contrebasses*, & peut-être fera bientôt
place à la folie des *Tulippes* ou des *Chiens*.
de plus, notre Laïs ne se pique point
d'une constance outrée : l'amour n'entre point dans son négoce ; si son corps
étoit aussi chaste que son cœur, l'emploi de Vestale lui siéroit mieux que celui de Prêtresse de Venus. Sa passion favorite & son seul plaisir, est de ruiner
ses Adorateurs, & de se parer de leurs
dépouilles. Autrefois la victime qu'on
menoit à l'Autel étoit ornée, & ses ban-
delettes appartenoient au Sacrificateurs.

   Celle-ci n'écoute que la vivacité de
son tempérament : point de complimens chez elle ; c'est marchandise per-
due : de plus, la politesse parmi les filles de
joie est toujours le vernis de la fortune,
& jamais l'effet de l'éducation. Le Ciel
ne l'a pas doué d'un tempérament fort
cruel. Voir & chérir un homme est une
même chose pour cette lascive *Propé-
tide :* pourvu que les déhors du vase lui
plaisent, peu lui importe qu'il soit plein
d'or ou de cendre, de diamans ou de
boue. La premiere phrase de sa conver-

fation eft ce qui fert de conclufion à l'A-
mour chez les autres : elle prend le Ro-
man par la queue ; elle court au dénoue-
ment : fa premiere demande eft celle que
l'Amant le plus sûr de réuffir garde
toujours pour la derniere ; fouvent encore s'évite-t'on la honte de l'entendre
par une prudente facilité à la prévenir.
Mais celle-ci croit d'auffi fages précautions inutiles , fuperflues , ridicules :
elle eft femme d'expédition ; elle vole
au fait ; comme *Alexandre* elle fuit l'oi-
fiveté ; le délai pour elle eft le comble
de l'affront : elle aime la mêlée ; eftime
fes ennemis lorfqu'elle les voit fur le
champ les armes à la main ; & héritie-
re des fentimens du grand *Séfoftris* ,
elle méprife fes adverfaires , quand ils
different le combat. On vient aux mains ;
la haine tombe , & l'action ne dure pas
fi peu , que les combattans n'ayent le
tems de fe reconnoître : le plaifir devient vif ; quelquefois les fuites le prouvent : il échappe des foupirs , fignal de
la bataille la plus échauffée ; on feconde
le Héros par quelques douceurs : on
articule , on entre coupe quelques mots
de tendreffe-pour ce moment , & qui
dans toute autre conjoncture changent

de nom : on veut montrer qu'on est
vaillant : on veut trancher de l'homme
prodigieux auprès d'elle. Pour deux ou
trois rencontres , on ne s'avoue pas
vaincu : par émulation & par point
d'honneur , on ne demeure pas en reste.

Cette autre se montre bâtarde d'un
favori de Mars par son goût décidé pour
les Guerriers : elle ne les ruine pas ; elle
se ruine avec eux.

J'en vois une , qui croit que sa Nation
n'est pas capable de l'enrichir, & d'assou-
vir son avidité pour l'argent ; elle ne reçoit dans sa maison & dans ses bras que
des étrangers. Qu'on la charge du soin de
nous faire un Atlas Géographique bien
éxact ; elle y réussira mieux que *F.....*
son régistre de recette lui suffira ; elle
est femme d'ordre , & il n'est point de
petite Province dans l'Univers , dont
elle n'ait rendu quelqu'habitant heureux.
Elle paye , si la Cronique est vraie , un
Commis à chaque barriere de Paris ,
pour l'instruire des différentes voitures ,
Carosses & Chaises de postes Germa-
niques , Belgiques , Helvetiques , An-
gloises , Danoises , Suédoises , &c. nou-
vellement arrivées : elle est informée par
ce moyen des nouveaux débarqués ; elle

s'inftruit bientôt de leurs qualités & facultés. Enfin elle fe feroit un fcrupule &
un cas de confcience d'en laiffer retourner un feul à fes Dieux Pénates, ignorant le nom charmant de *R*.....

Rien de plus funefte & de plus dangereux dans un état qu'une licence effrenée ; elle entraîne avec elle un défordre univerfel ; confond les rangs ;
infpire le mépris des loix , & reporte
dans les ténébres du vulgaire celui que
la vertu & la naiffance avoient con-
jointement formé pour commander. Si
elle eft quelquefois la ruine de ceux
qu'elle attaque , elle eft toujours fa perte
à elle-même & à ceux qui s'en décla-
rent les Partifans & qui s'y abandon-
nent : mais , de tous les maux qu'elle
caufe , l'amour défordonné des femmes
eft le plus dangereux.

La vertu & la bienféance défendit
aux *Atheniens* de permettre l'entrée de
leur Ville aux femmes publiques & dévouées à l'impudicité ; mais la néceffité les contraignit de leur accorder les
Fauxbourgs , où elles s'établiffoient &
avoient la liberté d'exercer leur commerce avec tranquillité. Ils nommerent
un Tribunal , où fe devoient juger tou-

tes les difputes, qui fe pouvoient élever
parmi elles. Ces Juges fe nommoient
*Triumvirs* ; & ne décidoient que des
caufes du reffort de Cythere. Ils eu-
rent encore la prudence de vouloir qu'elles fuffent diftinguées des autres, en leur
faifant porter une robe à fleurs. ( *veftis
florida* ) *Phriné, Laïs & Léontium*, ces
célébres beautés qui tinrent long-tems
toute la Grece en haleine ; ces aimables Courtifanes, qui voyoient à leurs
genoux des Rois, des Archontes & des
Légiflateurs demander une faveur &
fouvent s'en retourner fans l'avoir ob-
tenue ; ces Belles qui fouvent à leur toilette, *appercevoient à peine un Monarque de plus* ; dont les portes étoient af-
fiégées par leurs amoureux Concitoyens,
( *& claufis jacuit Græcia tota foris* ) ; ces
Divinités mortelles ne portoient que des
robes d'étoffes brodées à fleurs. C'étoit
la marque, qui les faifoit reconnoître.
Sous une robe à fleurs, on trouvoit toujours une belle femme.

L'aigle Romaine rapporta avec les
tréfors & les dépouilles de la Grece &
de l'Afie, l'amour des plaifirs, le luxe
& la moleffe dans la Capitale du Monde.
Ce fut l'époque des Courtifanes & des

lieux publics chez ces maîtres de l'Univers. Les Magiſtrats & les Conſuls s'y oppoſerent : la voix du plaiſir eſt trop forte , pour ne pas étouffer celle des Loix. Le Senat Romain permit le Put...... à ſes Concitoyens , voyant l'impoſſibilité de s'en paſſer. Les Femmes publiques alloient chez un Edile ſe faire inſcrire : on leur délivroit la Patente qui les paſſoit maîtreſſes dans leur métier. On leur ordonnoit de porter une robe qu'on appelloit *Toga* : ces robes étoient ouvertes par-devant , & la robe des honnêtes femmes appellée *Stola* étoit fermée depuis le haut juſqu'en bas. Outre cela, ces charmantes guerrieres avoient pour habit de combat des robes de Mouſſeline : là leur corps étoit une Métaphore ; on le voyoit de tout côté & cependant il n'étoit point à découvert. Les Ediles les contraignoient encore de porter une eſpece de coëffure , qui les diſtinguât des Dames d'Honneur : à Rome les Dames de Qualité portoient des cheveux noirs ; & les cheveux blonds étoient la marque & l'appanage des femmes publiques. Une Courtiſane qui auroit eu des cheveux noirs étoit obligée de les couper & de porter un tour de faux che-

veux.

veux blonds, (*Flavus Galerus*) ; & les Dames craignoient tant de paſſer pour des filles de joie, qu'elles ſe faiſoient couper leurs cheveux, s'ils étoient blonds, & ſe contentoient de porter des cheveux bruns de rapport.

L'an 800. *Charlemagne* fit une Ordonnance, qui éloignoit les femmes de mauvaiſe vie, & qui menaçoit ſes ſujets de peines afflictives, lorſqu'ils ſeroient convaincus, d'en avoir retiré chez eux : mais cette Loi ne conſerva pas long-tems ſa force ; Mars vint épouvanter Thémis, & Venus plaida pour ſon Empire auprès du Dieu de la Thrace. La Juſtice & les Loix ſe tûrent en tremblant, pendant près de trois Siécles. Bellone, les armes & le carnage les effrayerent ; & la mere d'Amour donna le tems à ſes Prêtreſſes de rebâtir ſes Autels, & de renouveller ſes ſacrifices. Tout ſe confondit alors ; on ne diſtinguoit plus l'honnête femme de la coquette, la coquette de la galante, & la galante de la femme publique.

Louis IX. cet Apôtre & ce Martyr de la Croix, ce Roi dont la vie ſimple, juſte & guerriere lui gagna & lui mérita la couronne des Saints aux yeux de l'E-

glise, des Heros aux yeux du peuple,
& le titre de bon Roi aux yeux de l'U-
nivers ; ce Monarque entreprit, mais en
vain, de chasser les femmes impudiques
de ses Etats ; il fit publier une Ordonnance contre elles l'an 1254. *Charles
d'Anjou* son frere, *Comte de Provence*, voulant soutenir le dessein du Roi
Louis, fit défense à tous les Officiers de
donner retraite en leurs maisons à aucune de ces femmes, sous peine de pri-
vation de leurs Offices : l'expérience fit
bientôt connoître, qu'il étoit impossible
d'extirper totalement ce vice inséparable
de l'humanité, sans tomber dans d'autres désordres incomparablement plus
dangereux à la Religion, aux Mœurs &
à l'Etat. Louis IX. voyant que son Ordonnance n'avoit point eu toute l'éxé-
cution qu'il en attendoit, toléra ces fil-
lés de joie, & leur assigna des rues &
des quartiers : leur demeure fut fixée
dans les rues *Glatigny*, *de l'Abrevoir
Maçon*, *Froid-Manteau*, *du Renard,
Tiron*, *Chapon*, & *Champ-Fleury* : on
leur prescrivit les habits qu'elles de-
vôient porter, & les heures de leur retraite ; de-là l'origine du *Couvre-feu*.
Les habits ne leur furent donnés, que

pour les diftinguer des femmes de bien :
peut-être Louis les auroit-il laiffées maî-
trefles de leurs habillemens , fans ce qui
arriva à *Marguerite de Provence* , qui
fut obligée d'embraffer à la Meffe , felon les cérémonies de la primitive Egli-
fe , une femme publique qui fe trouva
à côté d'elle. Le Roi , pour vanger fon
époufe , fit défenfe aux Courtifanes de
porter des robes traînantes.

Sous *Philippe Augufte* , on ne mettoit
point au rang des grands crimes la fornication. En un même Logis demeu-
roient des Profeffeurs de Grec & des
Regentes de plaifir : dans les Chambres
hautes on enfeignoit les belles Lettres ;
dans les baffes on tenoit école de Débauche : de la vertu au vice , il n'y avoit
qu'un efcalier à defcendre.

*Charles VII.* n'éxerça pas fa févérité
contre celles-ci , mais contre les Entre-
metteufes , Appareilleufes , Macq....
elles étoient appellées dans ce tems-là ,
*gens qui fe mettent & intermettent de*
*bailler , livrer & adminiftrer femmes*
*pour faire péché de leurs corps ; marchan-*
*des , vendeufes & proftitueufes de filles &*
*femmes.* Quant aux filles de joie , elles
étoient appellées , *femmes folles* , *folles*

*de leur corps , femmes de vie diſſolue , ri-*
*baudes communes , femmes débauchées ,*
*femmes qui font péché de leur corps , bor-*
*delieres , femmes amoureuſes , femmes*
*mal renommées , filles deshonnêtes , filles*
*déſordonnées en amour , filles paillardes ,*
*filles de joie , &c.* Si on ne les nommoit
pas G..... & P..... c'eſt qu'alors ces
noms n'étoient point pris en mauvaiſe
part.

En 1561. les Etats tenus à Orléans
chaſſerent de toute la France les Entremetteurs & Entremetteuſes , & ordon-
nerent à cet effet aux Juges du Royaume , de ſévir rigoureuſement contre ceux
qui tiendroient & ſupporteroient les
mauvais lieux.

*Jules II.* ce célébre Pape , qui hérita
de S. Pierre le droit divin d'être infail-
lible , ſentit toute la néceſſité des mauvais lieux dans Rome ; & ſa prudente
ſagacité ne fut tranquille,qu'après y avoir
appliqué le remede : ce fut ce qui le dé-
termina , après un mûr & ſolide examen , à donner une Bulle le 2. Juillet
1510. qui permettoit aux femmes commodes , autrement appellées Filles de
joie , d'avoir un Quartier fixe dans la
Ville , où ( après avoir préalablement

fait leur déclaration au Bureau établi
sur ce sujet ) elles pouvoient sans crainte
du Ciel & des hommes, prodiguer ou
traffiquer leurs attraits, dispenser leurs
faveurs aux jeunes gens, & les vendre
aux Vieillards, qui sçauroient réparer
par leur libéralité les agrémens que le
tems leur avoit enlevés ; & pour prévenir les inconvéniens qui pouvoient arriver de leur trop grande générosité &
de la fréquence journaliere des graces
qu'elles accordoient, on nomma & établit des Officiers Inspecteurs de ces maisons de plaisir : leur soin & le dû de leur
charge, étoit de contenir ces Prêtresses
de Venus dans les bornes de la modération, & de les empêcher de recevoir
chaque jour plus de quatre Sacrificateurs. Trop de zèle dans une religion
mene au fanatisme & conduit à la fureur : par le soin du Saint Pere, tout se
trouva dans l'ordre ; les Autels tous les
jours fumoient d'encens ; mais les Prêtresses ne s'excédoient pas, & les Sacrificateurs ne se ruinoient pas.

C'est une influence divine, c'est un
don du Ciel, que le talent de sçavoir
mettre l'ordre jusques dans les moindres
choses. Ce salutaire & merveilleux éta-

bliffement fut en partie dû aux fages &
prévoyantes réflexions du Doyen du facré Collége de la maifon de Médicis ;
qui depuis fut élu Pape, fous le nom de
*Léon X.* par le concours unanime de tous
les jeunes Cardinaux, qui fe rappelloient
avec plaifir les grandes obligations qu'ils
lui avoient, & étoient contens de pouvoir avec zèle lui en témoigner leur re-
connoiffance.

Ce qui auparavant avoit le nom de
vice affreux, de débordement épouvan-
table, authorifé de la Sainteté d'une
Bulle, devint prefque plaifir licite &
devoir de politique. Les Peres & les
Maris virent par ce falutaire moyen
l'honneur de leurs filles & de leurs femmes à couvert ; ils cefferent de trembler
pour elles, lorfqu'elles cefferent d'être
expofées aux vives attaques & aux pour-
fuites défefpérées des jeunes gens. Si
quelqu'unes d'entr'elles donnoient at-
teinte à leur vertu, c'étoit avec tant de
fecret & de précaution, qu'il n'y avoit
que les Parties intéreffées, qui en fuffent inftruites. Ainfi nul fcandale dans
le Public ; nulle méfintelligence dans
l'intérieur des Familles ; plus de défu-
nion entre les Epoux, qui eft fans con-

tredit le signal & l'étendart de l'Adultere ; point de Procès pour crimes de
Rapt & de Viol ; point de demandes en
Séparation ; point de femmes, qui cher-
chassent le plaisir sous le ridicule masque des Loix ; point de Maris qui ren-
dissent leur deshonneur public. Enfin
de cette tolérante Constitution Pontifi-
cale naissoient mille avantages qu'on
ne peut trop exalter.

Le Pape *Léon X.* avoit accordé les
mêmes Priviléges aux Courtisanes de
Rome, pourvu qu'à leur mort leurs effets tant meubles qu'immeubles, retour-
nassent au profit d'un Couvent de Reli-
gieuses de *sainte Marie Magdelaine de
la Pénitence.*

Clement VII. ordonna, *que les Femmes appellées Courtisanes & celles qui ti-
rent profit de leur corps publiquement
dans les mauvais lieux, ou faisoient un
trafic honteux & infame, & menant une
vie dissolue & impudique, à l'instance de
personnes séculieres ou Ecclésiastiques, don-
neroient le quart de leurs biens à ce Couvent, si elles vouloient se conserver le droit
de disposer de leurs effets par Testament
& par Donation.*

Clement X. voyant que ces Bulles de

fes Prédeceffeurs étoient mal exécutées ;
& que les femmes publiques, pour la
plûpart, mettoient leur argent en rente
viagere ou en autres Contrats, qui ruinoient l'efpoir defdites Religieufes fur
le fond, défendit qu'elles fuffent reçues
à contracter de leur vivant avant d'avoir
donné le quart de la fomme, dont elles vouloient paffer Contrat.

Les défordres, que ces fages établif-
femens éxilerent de Rome pour jamais,
vinrent établir le fiége de leur domination dans Paris, & y régnent aujour-
d'hui avec un defpotifme tyrannique,
malgré la vigilance & les fages précautions des Magiftrats. Le mal eft à préfent d'autant plus grand & incurable,
que les femmes de tout état coopérent à
le mettre à fon comble, & que fouvent
celles du premier rang femblent envier
l'excès du déreglement, à celles qui ne
font profeffion du libertinage, que pour
gagner leur vie. C'eft une chimere dans
le fiécle où nous vivons ; c'eft un ridicule fantôme que la pudeur, *cuius apud
Molles minima eft jactura Cathedras.*

Les anciens Mythologiftes, dans la
fiction du jugement de Paris, ont voulu
nous faire entrevoir le combat de la

vertu & de la volupté , où cette derniere triomphe de sa rivale : le mistere
est la seule vertu que de nos jours on
connoisse. Momus n'eut rien à reprocher
à la Reine de la Beauté dans l'assemblée
des Dieux ; elle n'avoit aucun défaut ;
cela ne suffit pas : elle avoit toutes les
qualités destinées pour plaire Sa chauf-
sure cependant ne put échapper aux
regards perçans du Dieu malin de la
Satire : elle faisoit un peu de bruit ; ce
bruit étoit nuisible au mystere. Si Venus eût paru dans l'Olimpe , comme la
terre la vit pour la premiere fois , au
sortir des flots , qu'eût dit Momus ? Ce
Dieu ne lui reprochoit-il pas mécham-
ment , que Vulcain ne s'étoit apperçu
de ses amours avec le Dieu de la Guerre , que par le bruit importun de sa
chaussure. Qu'il vienne parmi nous , ce
Dieu clairvoyant ; il satyrisera du côté
des mœurs : mais quant au mystere , il
sera obligé de faire l'éloge de nos Belles : c'est leur partie triomphante ; elles
sont sûres de tromper un amant même ,
qui sans contredit voit bien aussi loin
que Momus.

Sortons d'erreur ; l'Amour n'est point
fils de Venus : il doit le jour au Dieu

Harpocrates & à la Volupté : charmant
& ingénieux comme sa mere, il est sou-
verain des ames ; mais on lui attribue le
goût du secret, & on le peint comme
son Pere le doigt sur les lévres, symbole
du silence.

Le mystere l'accompagne sans cesse,
& sa Cour est peuplée de Génies, connus sous le nom de Plaisirs, d'Amusemens, de Jeux, de Lorgneries, de Sor-
nettes délicates & même de Rendez-
vous ; mais au lieu de marcher, comme
nous l'avons toujours cru tambour bat-
tant, le soin qu'ils prennent de se con-
former au caractere de leur maître, leur
fait porter des voiles magiques qu'ils
étendent à la suite de l'amour, sur tous
les yeux profanes, afin que les mysteres
du Dieu soient toujours enveloppés d'u-
ne nuit impénétrable, à moins que les
intéressés n'en décident autrement ; car
chacun est libre, & a le droit d'afficher
ses amusemens. Ne se trouve-t-il pas par-
tout des étourdis & des folles ? *Isthac in-
ceptio amentium est non amantium.*

Toutes ces idées détachées les unes
des autres, ont parues nécessaires à l'in-
telligence du *Code de Cythere.* L'auteur
les avoit jettées sur le papier. On a res-

pecté fon défordre : le Public y cher-
chera l'harmonie la plus convenable.
Eft-ce la premiere fois qu'on a hazardé
fes penfées ? Eft-ce la premiere fois
qu'elles ont été goûtées ? Les phrafes
répandues de côté & d'autre & ramaf-
fées à la mort de Monfieur *Pafcal*, ont
fourni la matiere d'un Livre qui fans
honte a été appellé, *Penfées de M. Pafcal.*
Eh bien, ce Difcours Préliminaire, ce
galimathias embrouillé, ce tout ce qu'on
voudra, fera appellé : *Penfées fugitives*
*& Pofthumes de* M. D. C... *fur le Code*
*de Cythere.* L'intention du feu Légifla-
teur étoit bonne ; il l'a mal rendu ; c'eft
un malheur : mais ce n'eft pas la premiere ni la derniere fois qu'un Auteur
aura l'infortune d'être inintelligible.

Les Anciens nous ont donné l'exemple dans ces fortes de Reglemens facti-
ces & de pure invention. Leur but étoit
de corriger les mœurs, ou d'apprêter à
rire. Le nôtre eft le même ; fi le moderne Licurgue procure de la gayeté & de
l'amufement ; fon deffein eft rempli. Il
eft aifé de voir qu'il n'a point prétendu
conduire fon Lecteur dans les fentiers
fcrupuleux de la Raifon : il s'eft contenté
de lui fervir de guide dans la riante

carriere du Plaisir. *Plaute*, ce Pere de la Comédie Latine, ce rival d'Aristophane & de Menandre, a donné le premier l'idée de ces Statuts d'Amour. Voyez la scene de *Diabolus*, & du *Parasite* dans la Comédie de *l'Asinaire*.

CODE

# *CODE*

## DE CYTHERE,

### *OU*

## LIT DE JUSTICE

## *D'AMOUR.*

CUPIDON, Roi de Cythere, en préfence de Venus & de Pſiché, tenant ſon reſpectable lit de Juſtice dans la Grand'Chambre de l'auguſte Parlement de ſon Royaume amoureux; A tous ceux qui ces preſentes Lettres verront: SALUT.

A

Les soins continuels, qui nous occupent tous les jours à regler tout ce qui peut contribuer à la solidité & à la réalité du plaisir de nos Sujets, nous ayant porté à prendre connoissance par nous-même de l'état, où ils sont pour le présent; Nous les avons trouvés si dereglés, & dans un si grand désordre & abbattement, soit par la négligence de nos Officiers, soit par quelqu'autre motif que nous n'avons pas voulu approfondir, crainte de mettre notre Majesté dans la nécessité & l'obligation de sévir contre les coupables; nous avons estimé devoir préférer d'y apporter les remédes les plus nécessaires & les plus promts, & faire connoître aux mortels de notre empire, que nous sommes moins leur tyran que leur Pere.

Comme notre intention est d'établir, autant qu'il est en notre pouvoir, le bon ordre dans l'intérieur de nos Etats, & procurer à nos sujets la fleur des plaisirs, sans qu'ils en craignent les épines; de l'avis de nos Amés & Féaux les Gens tenans notre Cour, nous avons arrêté & reglé en notre Conseil les Articles suivans, que nous entendons être éxécutés selon leur forme & teneur, ainsi qu'il s'ensuit; Car tel est notre Plaisir.

A CES CAUSES & autres à ce nous mouvans, de l'avis de notre Conseil, & de notre certaine science, pleine puissance, & autorité divine, nous avons, par ces presentes signées de notre main, dit, déclaré & ordonné; disons, déclarons & ordonnons, voulons & nous plaît.

## ARTICLE PREMIER.

Voulons que les M.... Entremetteurs, Appareilleurs de notre Royaume, qui ont exercé cet emploi jusqu'à ce jour, soient tenus,

à compter du moment de la publi-
cation de notre préſent Edit , de
ne plus s'immiſcer en façon quel-
conque directement ou indirec-
tement & ſe mêler de pareil exercice que nous ſupprimons dès-à-
préſent : ordonnons que tous les
gages , revenus , fruits , profits ,
droits & émolumens attribués à
ladite charge ſoient rayés de nos
états : entendons néanmoins que
ceux qui auront exercé leur ſça-
voir-faire ſans ſcandale , avec honneur & diſtinction , & par une inclination bienfaiſante , pendant
vingt-cinq années conſécutives ,
ſoient admis à en faire preuve ,
& qu'il leur ſoit délivré Lettres de
vétérance par le Chancelier de notre Ordre , qui leur accorderont le
ſurnom de ſieur de la Complaiſance , ſcellées de notre grand ſceau
de Cire Verte que nous deſtinons
à ce , leſquelles Lettres leur permettons de porter ſur eux & faire va-

loir ce que de raifon : ordonnons qu'elles leur tiennent lieu de fauf-conduit, au cas que par la fuite aucun defdits vétérans foit pour-fuivi pour dettes particulieres con-tractées pendant fon exercice : Dé-fendons à tous Huiffiers ou Ser-gens de paffer outre, les trouvans munis de ces lettres de notre fa-veur, fous peine d'être privés de leur fonction.

## ART. II.

Défendons à tous nos Sujets, de quelque qualité, rang & condi-tion qu'ils puiffent être, de louer ou fous-louer à l'avenir aucune maifon, appartement, chambre, cabinet, &c. pour y loger femmes ou filles de joie faifant commerce public de leurs corps; à peine pour la premiere infraction de 1200 liv. & en cas de récidive, ordonnons qu'il foit par l'un de nos Officiers Infpecteurs, mis & fcellé au-deffus de la porte d'entrée de la maison, où ladite contravention se fera commise, un bois de corne de Cerf, au bout duquel sera attaché le Jupon le plus sale qui se pourra trouver d'une de ces femmes ; laquelle marque d'infamie restera l'espace de trois mois, & sera ensuite retirée au profit de la maison des Foux, pour qu'il en soit fait des bandes de saignées aux pauvres malades, à qui elle est d'une grande utilité pour leur soulagement, sous-entendu que ledit Jupon soit auparavant bien lescivé, crainte des suites.

Défendons encore à ces amis commodes des gens de qualité & des Seigneurs de notre Cour, de prêter, comme ils ont fait jusqu'à present, au scandale de toute notre Capitale, leurs appartemens, pour y faire des agapes & des sacrifices nocturnes avec nos Prêtresses ressortissantes de notre Empire ; ne balançons pas à qualifier lesdits amis commodes du titre diffamant de M. . . . , Entremetteurs , Appareilleurs ; & déclarons que si notre Commissaire Général n'a pas autorité suffisante , pour se transporter dans leurs retraites inaccessibles à sa charge , nous le munirons, pour y pénétrer, d'un pouvoir, devant lequel tout autre sera détruit , & dont étant appuyé il aura le droit de les arrêter même dans notre maison Royale , & jusqu'au pied de notre Trône.

## A R T. I I I.

Déclarons que nous ne comprenons pas dans la premiere partie du précédent Article les femmes & filles entretenues , ou celles qui s'occupent de quelque métier, comme Brodeuses, Couturiéres, Lingéres , Coëffeuses & autres , pourvu toutefois qu'elles n'ayent qu'un galant sur leur compte, & qu'elles

ſe conduiſent avec prudence &
ſans ſcandale ; nous réſervant à
nous ſeul la diſcuſſion des diſputes
qui pourroient s'élever ſoit par ja-
louſie & préférence, ſoit par mauvaiſe querelle.

## A R T.  I V.

Créons, inſtituons & établiſſons
à perpétuité 1200. priviléges de filles commodes, ſous le titre & qualité de Filles Courtiſanes Commodes ou Favorites d'amour, que nous
entendons être reçues & établies
dans les quatre principaux quartiers de notre Capitale : voulons
que leſdites filles ſoient , du jour
de leur inſtallation , reputées ma-
jeures , uſantes & jouiſſantes de
leurs droits actifs & paſſifs, & ſoient
exemtes de toute impoſition , pour
raiſon de leur commerce ; leur accordons droit de *committimus* dans
tout le reſſort de nôtre Royaume ;
& les déchargeons de toutes tail-

les , capitation , corvée de gens de guerre , si cependant c'est leur goût d'en être exemtées : déclarons de plus , que celles qui voudront acquérir lesdits priviléges , seront tenues de le faire dans l'espace d'une année , faute dequoi elles seront dans le cas d'exclusion , à moins qu'elles ne prouvent solidement avoir eu de bonnes raisons pour différer d'acquérir , comme obligation de quitter notre Capitale , pour quelque Procès , espérance de mariage & d'un établissement , crainte d'exhérédation , &c.

## A R T.  V.

Ordonnons qu'aucune fille ne soit admise à lever en nos parties casuelles un desdits Priviléges , à moins qu'elle n'aye 15 ans accomplis, & qu'elle n'apporte avec son extrait-Baptistaire un certificat en bonne forme de deux matrones , qu'elle n'a plus sa virginité ; notre

intention n'étant point de féduire
la jeuneffe, & de lui préfenter fa
perte & fon deshonneur ; mais d'apporter & de procurer quelque fou-
lagement à celles dont le tempérament feroit plus fort que la raifon : voulons que, faute de déflo-
ration ou faute d'avoir quinze ans
& un jour pour le moins, elles
foient renvoyées, quelque ferveur
& quelque heureufe difpofition
qu'elles puiffent montrer ; ce à
quoi le Commiffaire Général tiendra exactement la main, fous les
peines les plus rigoureufes.

### A R T. V I.

Etabliffons un fond defdits Priviléges de 600000 liv. qui fera
employé à faire bâtir & conftruire
dans les quatre principaux quartiers de notre Capitale, une maifon de Communauté capable de
loger commodément trois cens
Courtifanes favorites dans cha-

cune : voulons que ces quatre maifons foient reconnues & refpectées ;
qu'il y ait à la principale grande
porte un grand tableau , où foit
peint pour tout attribut un Amour
le carquois à la main & le bandeau
fur les yeux.

## ART. VII.

Voulons qu'il foit payé en entrant par chacune fille , qui voudra
acquerir un defdits Priviléges , la
fomme de 500 livres en efpéces ,
& non en billets de quelque nature
qu'ils puiffent être , ès mains de
notre Tréforier & Receveur Général , lequel fera expédier quittance
de finance au profit de celles qui
fe préfenteront pour acquerir lef-
dits priviléges , fur lefquelles quit-
tances leur fera accordé *gratis* lettres de jouiffance , pour faire va-
loir dans la maifon , où elles feront
envoyées.

# *ART. VIII.*

Ordonnons qu'aucune des filles ne soit reçue dans lesdites maisons pour exercer sa fonction, si elle n'apporte avec ses lettres de jouissance un certificat du sieur D..., notre Chirurgien juré, homme expert à qui la plupart de nos sujets doivent le retour des plaisirs qu'une maladie contagieuse sembloit leur avoir enlevés pour jamais : Créons & instituons par ces présentes ledit sieur D... inspecteur & visiteur général des Privilégiées : Voulons qu'il les visite & éxamine, si elles sont saines de corps, & peuvent remplir leurs fonctions, sans crainte de reproche de la part de ceux qui courront avec elles la carriere des plaisirs : Voulons de plus que les certificats qu'il leur délivrera soient controllés par notre Commissaire Général, à qui nous accordons le

droit de prime ufance de toutes
celles qui lui feront adreffées par le
fufdit Vifiteur Général : Lui permettons d'avoir un Commis qui
foit fon fecond & à qui il cédera
fes prérogatives dans l'occafion ,
pourvu toujours que le Commis
n'aille pas fur les brifées du Commiffaire Général , & fente bien que
c'eft une grace qui lui eft accordée ,
dont il ne doit pas méfufer : Ordonnons encore que ledit Commiffaire Général tiendra un regiftre
éxact des noms , furnoms , âge &
fignalement defdites Privilégiées ,
pour y avoir recours au cas que
quelques-unes vouluffent fe retirer,
ou euffent contrevenu aux Reglemens établis & dictés dans notre
Confeil, afin de les remplacer, fans
perte de tems , le Public ne devant
pas fouffrir de leur retraite.

### A R T.  I X.

Permettons à celles des Courti-

fanes Favorites qui auront joui de
leurs priviléges pendant le tems de
fix années, à la fatisfaction du public, & fans qu'il ait été fait contre
elles de plainte grave & légiti-
me, de quitter, fi bon leur femble, lefdites maifons, pour entrer
dans celles des *Filles Pénitentes*,
des *Magdelonnettes*, ou des *nouvel-*
*les Converties* à leur choix; fi mieux
n'aiment vivre à leur particulier,
avec défenfes expreffes de continuer davantage leur commerce, au
préjudice des Privilégiées en charge, fous peine de punition corpo-
relle.

### A R T. X.

Enjoignons à celles defdites Privilégiées qui auront atteint l'âge de
quarante ans & un jour, tems auquel la raifon & la tempérance doivent fuccéder à l'ardeur de la jeuneffe & à la foif des plaifirs, de fe
retirer dans l'une des fufdites mai-

fons religieufes , pour qu'il en foit
fubftitué par nous d'autres en leur
place d'âge requis & compétant,
dont la jeuneffe & les agrémens feront plus convenables à cette profeffion : & ne voulant pas les abandonner , après leur carriere termi-
née avec zele dans l'état qu'elles a-
voient embraffé , nous pourvoirons
à leur penfion dans la maifon qu'elles fe deftineront pour retraite.

### A R T.   X I.

Notre intention étant de pour-
voir à tout , & de prevenir les dif-
ficultés qui pourroient arriver au
fujet de l'Etabliffement dont eft
queftion , voulons. & entendons
que les enfans de celles de nos
Courtifanes Favorites qui deviendront enceintes pendant leur demeure dans l'une de nos quatre maifons , foient reçus fans aucune difficulté en notre Hôpital des Enfans-
trouvés, pour y être nourris & inf-

truits avec soin & avec toute la
distinction que méritent les enfans
de nosdites Privilégiées : ne voulons
point qu'ils soient placés pour le présent aux Enfans-trouvés de la rue
notre-Dame , craignant pour eux
les rigueurs de l'air , auquel ils
seroient infailliblement exposés ,
n'ayant plus de maison pour gîter ,
& logeant à la belle étoile : lesdits
enfans ne pourront être reçus, qu'on
ne présente l'Ordonnance de notre
Commissaire Général , & pour leur
bonne éducation , prélevons sur nos
revenus la somme de 10000 liv. qui
sera payée chaque année audit Hôpital.

### A R T. X I I.

Voulons qu'il soit fait dans chacune de nos quatre maisons par
nous établies , & bâties de façon
qu'il n'y a pas la moindre différence
de l'une à l'autre , trente classes particulieres, dont chacune sera com-
posée

posée de dix Courtisanes favorites, & que lesdites Classes soient indiquées par une inscription gravée sur marbre en lettres d'or , dans l'ordre qui suit. (*a*).

Pour les dix premieres Classes , dans lesquelles seront les privilégiées depuis 15 jusqu'à 20 ans, qu'il y ait pour inscription : *jeunes Favorites.*

Pour les dix secondes Classes , dans lesquelles seront les Privilégiées depuis 20 jusqu'à 30 ans : *Courtisanes joyeuses.*

Pour les dix dernieres Classes , destinées aux filles qui auront depuis 30 jusqu'à 40. ans : *Femmes faites.*

### A R T.  X I I I.

Créons & instituons en titre

______

(*a*) Dorénavant , au lieu de dire les dix premieres Classes , on dira dans le présent Code, *jeunes Favorites* ; les dix secondes Classes, *Courtisanes joyeuses* ; & les dix dernieres Classes : *Femmes faites* , pour éviter les redites.

B

d'Office héréditaire , cent vingt *Duégnes* , fous le nom de Sœurs Contrôleufes & Vifiteufes des Claffes , & cent vingt Meres Directrices defdites Courtifanes privilégiées : les unes & les autres feront diftribuées dans chacune de nos quatre maifons au nombre de trente ; fçavoir , par chaque Claffe une Mere Directrice & une Sœur Vifiteufe : Permettons à celles , qui auront , avant ce prefent réglement , exercé avec honneur la fonction de M.... Entremetteufe , Appareilleufe, & qui n'auront point fubi de peines infamantes , de fe préfenter pour l'agrément defdits Offices : ce fera une récompenfe pour elles , & un bien pour nos Privilégiées , qui ont befoin de femmes prudentes , (*a*) & qui foient

_______________

(*a*) Ne voyons-nous pas tous les jours des femmes galantes donner à leurs enfans une éducation des plus févères , & quelquefois fi rigides , qu'elles en paffent pour ridicules : elles ne leur permettront pas des velléités de liberté

au fait d'élever le fexe dans des régles de bienféance, de politeffe & de vertu.

## *A R T.  X I V.*

Fixons la finance defdits Offices à 2000 livres pour celles des Meres Directrices, & à 1500 liv. pour celles des Sœurs Contrôleufes-Vifiteufes ; ce qui nous produira un fond de 420500 liv. qui, réuni avec la finance de 600000 l. des douze cens priviléges, fera le total du fond que nous deftinons à la conftruction des quatre bâtimens , & fera la fomme de 1020500 liv.

La fonction des Sœurs Contrô-

aux yeux des autres qui penfent fans conféquence, mais qui par elles font envifagées d'un autre point de vue. Comme rien ne leur a échappé dans leur jeuneffe pour le plaifir, aujourd'hui rien ne leur échappe par jaloufie & par défefpoir de fentir que leur tems eft paffé ; & que leurs beaux jours ne font plus qu'un rêve.

leufes , fera de recevoir toutes les
perfonnes de quelque qualité &
condition qu'elles foient , qui fe
préfenteront & demanderont l'a-
moureux déduit avec une des filles de leur Claffe : lefdites perfonnes feront par elles vues & vi-
fitées, avant que d'être admifes :
voulons que fi quelqu'un des af-
pirans étoit affez de mauvaife foi
pour fe préfenter , fçachant que
fon état demanderoit plutôt un
Chirurgien qu'une Courtifane ,
la Sœur Vifiteufe s'en appercevant
lui refufe la porte de l'appartement
de jouiffance , & lui faffe fur le
champ payer l'amende que de notre autorité nous fixons à 10 liv.
pour chaque homme qui fe pré-
fentera témérairement. Si le hazard vouloit cependant que le pré-
tendant fût maleficié fans le fçavoir , faute de s'y connoître, ordonnons qu'il foit congédié fans
amende : les fufdites amendes fe-

ront mises en caisse & destinées
aux réparations de nos quatre Sé-
rails ou maisons de volupté, lors-
que besoin en sera.

La fonction des Meres Directrices consistera à gouverner lesdites Favorites qui composeront la
Classe à laquelle chacune desdites
Meres Directrices sera préposée : 
ordonnons qu'elles ayent grand soin
de leur apprendre & montrer les
gestes, œillades, postures, négli-
gences, attitudes, agaceries, mi-
nauderies, plaisanteries & généra-
lement tout ce qui peut contribuer au parfait délice des sens de
leurs amans : leur enjoignons de
plus d'avoir attention à la propreté
de leurs habits & à la blancheur
de leur linge.

### A R T.  X V.

Voulons que nos Courtisanes
privilégiées s'occupent dans leurs
momens qui séparent le travail du

plaifir , à lire entr'elles la plûpart des nouvelles brochures les plus galantes & dont le ftyle paroîtra à leur portée : Nous défendons qu'il leur foit lu des ouvrages de *Mar.* . . . & de *Cr.* . . . ils font trop fins & fpirituels , pour des Etres qui ne connoiffent de plaifir que dans la matiere: Voulons qu'on les amufe de la lecture des *mille & une nuit, mille & un jour , &c. Contes de Fées , d'Hippolite Comte de Duglas, du Comte de Warwick , des cent nouvelles de M<sup>e</sup>. de Gomez , de la nouvelle Marianne , des mille & une faveur* & de tous les Romans de la compofition de *M*<sup>r</sup>. *le Ch. de M*... fans en excepter un feul (*a*) : le

(*a*) Serois-je furpris de la féchereffe de ftyle de nos Auteurs , & du dégoût de nos François éclairés ? Non, non : la conféquence fort du fond même. Faire un Livre aujourd'hui eft la chofe du monde la plus facile ; je ne prétens pas dire , faire un Livre digne d'être lu. Dans le fiécle & le pays où nous vivons , on a banni pour jamais le titre d'Efprit , quand il marche feul : c'eft le bel-efprit que nous adorons ; feul

ſtyle de ces fertiles productions eſt au niveau de nos Privilégiées. Leur

il attire nos hommages ; c'eſt une divinité de force ; elle n'a nos vœux que par contrainte : c'eſt une nouvelle mode ; comme des femmes nous ſommes les premiers à y courir. Chacun veut avoir de l'eſprit : un bel eſprit eſt un tout ſitôt fabriqué : de belles paroles , un peu de mémoire , beaucoup de feu & de hardieſſe ; voilà la matiere idoine à la conſtruction d'un bel-eſprit. Le ton trenchant , l'obſtination dans ſon ſentiment , le maintien prévenu de ſoi-même & des airs de petit-maître : voilà ce qui polit l'ouvrage. Pour le terminer & mettre la derniere main au chef-d'œuvre , il ne faut que quelques phraſes qui ne ſont point encore parvenues juſqu'à la Chambre des Communes. En voici un modéle : *j'ai étudié cette matiere à fond ; j'en peux parler ſçavamment : l'un de nous deux eſt dans l'erreur ; je ſuis aſſez modeſte pour déclarer que c'eſt moi. . . . . la Ducheſſe. . . . eſt une bonne femme ; on lui donne de l'eſprit dans le monde : à la premiere rencontre je veux lui ſervir de pierre de touche. . . . . . Un tel ( quelquefois en parlant d'un Prince du Sang , ou pour le moins de gens qualifiés au premier Ordre ) fut hier charmant : je ne ſçais , où il a pris toutes les divines ſaillies dont il nous a étonné. J'ai vu le moment qu'il me déſarçonnoit , & qu'il ne me laiſſoit plus que la gloire de décorer ſon triomphe.* Voilà le petit-maître bel-eſprit : de bonne foi , puiſque cela coute ſi peu , eſt-ce la peine de s'en paſſer ? Le François eſt né poli & com-

mauvaise éducation pour la plûpart
leur empêche d'en entendre d'autres : Défendons aux Meres Directrices de leur permettre ces mauvais Livres, qui ne font faits que
pour donner des desirs à qui déjà
n'en manque pas ; ce seroit jetter
l'huile au feu : parmi ces Livres
prohibons, entr'autres *l'Academie
des Dames*, *la Religieuse en chemi-
se*, *l'Ecole des filles*, *le Moine au
Parloir*, *le Sopha*, *le Portier des
Chartreux*, & *la T. des Carm*.....
quand l'exactitude de la Police
n'aura pu en empêcher l'impression :
ordonnons ausdites Meres Direc-

plaisant ; la derniere qualité est une suite essen-
tielle de la premiere. On se presente à lui avec
confiance ; on lui annonce des talens supérieurs,
qui très-souvent ne paroissent point : il ne sçait
point démentir ; il est trop paresseux pour approfondir ; il aime mieux croire sans examen :
& souvent le reste de l'Univers est désabusé,
lorsqu'il commence à vouloir sortir d'erreur. Un
homme d'esprit en France, est le Messie des
Juifs : attendons, puisqu'il n'est pas encore
venu.

trices,

trices , si elles trouvoient une de
nos Privilégiées garnies d'un de ces
Livres ou d'autres du même genre , de le leur ôter , & leur faire
une vive reprimande.

### A R T.  X V I.

Voulons & ordonnons que les
Filles privilégiées, qui feront mises
par nos Administrateurs dans les
dix premieres Classes , sous le titre
de *jeunes Favorites* , soient toutes
filles choisies , belles, jeunes, sans
défaut depuis 15 ans jusqu'à 20.
qu'elles soient toutes habillées uni-
formement, ainsi qu'il va être dé-
taillé.

En Eté , elles auront une robe
de mousseline ouverte par devant ,
un corset de bazin fin balenné &
lassé à demi pour celles qui ne
pourront pas soutenir un corps, un
jupon blanc de bazin qui leur des-
cendra jusqu'au mollet de la jam-
be ; elles feront toutes chaussées de

bas de foye blancs avec des coins couleur de feu , & des mules de drap d'argent ou de moire à talons rouges : on leur donnera tous les jours une chemife blanche, & dans les fix jours de la canicule elles en mettront deux ; une en s'habillant, & l'autre à deux heures après midi fortant de table ; elles feront frifées trois fois la femaine, & au lieu de coeffures & de garnitures elles porteront un petit bonnet de taffetas couleur de rofe, fait en façon de toque de coureur , fur lequel feront brodés en or un arc, un carquois & un flambeau en fautoir ; & au-deffous en argent deux numeros , dont le premier indiquera la Claffe & le fecond le rang. Ainfi 4. 7. voudra dire la 7e. de la quatriéme Claffe (a). Elles ne porte-

(a) Chez les Romains les Courtifanes mettoient leur nom au-deffus de la porte de la Chambre, où elles accordoient leurs faveurs. Meffaline, ne fe fiant pas fur fes charmes, empruntoit

ront point de paniers ; prefque toujours ils font nuifibles au plaifir ,
& jamais ne lui ont été avanta-
geux en la moindre chofe.

En Hyver, elles auront une robe
de Damas de Lyon & un jupon de
Satin couleur de rofe piqué , un
mantelet de fatin bleu bordé de
blonde, des mitons de couleur de
rofe bordés d'un tour de martre, des
fouliers de maroquin rouge avec
des talons blancs : elles auront toutes à leurs fouliers des boucles de
Similord ou de matiere de tombac
d'Angleterre, à moins que la géné-
rofité de quelques-uns de leurs galans ne les enrichiffe de boucles
de Stras ou de quelque façon que
ce foit. Elles porteront de petites
cornettes à dentelles , & des bon-
nets de blonde chaque femaine al-
ternativement , la rigueur de la
faifon ne leur permettant pas de

la chambre de *Licifca* dont elle laiffoit le nom à
la porte ; *titulum mentita Licifca.*

se servir de petites toques comme dans l'Eté. Ordonnons aux Meres Directrices d'avoir l'œil que nos jeunes Favorites se lavent tous les matins la bouche, & se nettoyent deux fois la semaine les dents avec du corail préparé en poudre , ou telle autre chose qu'elles sçauroient y être bonne : qu'elles ayent de la pâte liquide d'amendes pour se nettoyer les mains : défendons qu'elles les mettent jamais dans l'eau, y causant un dommage manifeste : ce soin des Meres Directrices se continuera aussi avec la même exactitude dans les autres Classes.

*A R T. X V I I.*

Les *Courtisanes joyeuses* seront habillées comme les *jeunes Favorites* , avec cette distinction cependant qu'en Eté , au lieu de robe de mousseline , elles porteront un casaquin de toile de Perse ; & en Hyver , elles auront une robe de raps de Cypre , avec des mantelets de satin noir bordés d'une dentelle noire.

## *ART. XVIII.*

Les *Femmes faites* seront vétues, en Eté, d'une robe d'Indienne commune pendant les quatre premiers jours de la semaine , & d'un casaquin de toile de coton unie ou brodée en laine les trois derniers jours ; en Hyver , d'une robe en grisette fil & soye : elles seront pour le reste comme les *Courtisanes joyeuses* (a).

(a) Je ne veux pas faire l'éloge de l'Amour aux dépens de la sage Minerve : mais du moins ( sans passer pour satyrique ni me faire du tort dans l'esprit de personne ) je demande qu'on avoue seulement que pour un aveugle, ce petit Dieu ne connoît pas mal les couleurs , & qu'il a pour le moins autant d'ordre & de goût à établir une garderobe de Courtisanes , que le Mentor de M. de Fenelon à habiller les Salentins. Dans cette partie , notre *Code de Cythere* ne se sent-il pas du Poëme Epique , *ad instar* du Te'emaque ? Revenez , illustre P. le Bossu & décidez ma question.

## *ART. XIX.*

Ordonnons aux Meres Directrices des *jeunes Favorites*, de bannir l'usage du rouge, & d'empêcher leurs éleves d'en mettre, puisque sans contredit la vivacité de leurs couleurs leur fait plus d'honneur que ce teint emprunté. Dans les autres Classes nous le permettons, pourvu qu'elles en usent avec une grande modération. Le rouge fait soupçonner un visage de vieillesse, enleve les couleurs & ride la peau. Chaque couche de ce vernis funeste laisse un sillon ineffaçable : voulons que lesdites Favorites des 20. dernieres Classes se frottent, le soir avant de se coucher, le visage de pommade de concombre ou de limaçon, pour avoir le lendemain la peau douce, & le teint reposé & frais : leur défendons l'usage du fard ; ce seroit trop se méconnoître, que de marcher sur lès traces des vieilles Dames de qualité ; elles auroient mauvaifes graces dans leur prétention : il feroit beau voir une fille de joie trancher de la D. . . .

## A R T. X X.

Défendons à toutes nos Privilégiées l'ufage des odeurs , Eaux de fenteurs , Poudre à la maréchale , Poudre ambrée , &c. Le tort qu'elles leur cauferoient ne feroit pas reparé par le profit qu'elles y trouveroient. Leur feule approche feroit naître à la plûpart de leurs Pourfuivans un violent mal de tête & de grands foupçons. Nous fommes pourtant obligés d'en permettre l'ufage à celles que la nature formant très - aimables , a voulu rendre imparfaites fur le nombre des qualités. Une illuftre Comédienne , qui a long-temps fait les plaifirs de notre Capitale fur l'une

& l'autre Scene , portoit avec elle une odeur si forte & si dégoutante, qu'elle faisoit fermer les yeux sur ses charmes (*a*). Une belle de notre Empire vit encore dans cette même Ville , avec cette qualité le fléau des autres. Ces sortes de beauté sont comparables à la Sensitive ; si on en approche , c'est en tremblant.

## *A R T.  X X I.*

Défendons encore l'usage des chaufferettes pendant l'Hyver. Que nos Privilégiées demandent à leurs Meres Directrices la raison de cette

-(*a*) La Demoiselle Desmares avoit la peau d'odeur de privé , & malgré toutes les senteurs dont elle se parfumoit, le premier vice perçoit toujours : sa toilette étoit celle du Laquais de *l'Homme à bonnes fortunes*. Mlle. Iss... si célébre par ses charmes, & par ses amours avec le plus noble du Royaume après les Princes du Sang Royal , avoit aussi ce défaut, & l'a encore sans doute, si elle voit le jour.

prohibition : elles n'ignorent pas
sans doute & peut-être par leur
propre expérience , le tort que
cause ce feu caché. Il doit être
aussi odieux à une jolie femme ,
que la fournaise de *Nabuchodo-*
*nosor* étoit redoutable aux Fanati-
ques *Assiriens.* Pourquoi courir au
danger , quand on sçait n'en point
avoir de mérite aux yeux du monde ?

## A R T.  X X I I.

Enjoignons & ordonnons ausdites Privilégiées , d'être toujours
dès le matin dans un état honnête
& décent ; & leur défendons de
jamais paroître aux yeux d'aucun
galant , dans un négligé qui chez
la plûpart passe pour mal-propreté
& donne une mauvaise épithete à
celles qui se présentent dans cet
état (*a*). La toile ne se léve jamais

(*a*) Cette illustre Danseuse , à qui nous de-
vons les voluptueux talens de la Demoiselle

dans aucun spectacle que les Actrices ne soient parées : Voulons

Sallé , paroissoit une Déesse sur le Théatre &
un monstre chez elle. Un Etranger un jour ravi
dans le Parterre de l'Opéra , des charmes de
cette Terpsichore Françoise, qu'il voyoit danser
pour la premiere fois , s'informa sur le champ
de son nom & de sa demeure : c'est la Demoiselle Prevôt, lui dit-on. Le lendemain , le Soleil à peine levé notre Belge court chez sa nouvelle Reine : il s'annonce , on ouvre ; il parle à
l'idole de son cœur ; il la voit , & la cherche
dans elle-même , tant il la trouve différente de
ce qu'il l'avoit vue la veille : ses sens ne sont
frappés que d'une marmotte pour les yeux , &
d'un crocheteur pour les oreilles. C'est donc
vous , lui dit-il , qui êtes Mademoiselle Prevôt ?
Eh bien , je ne vous veux voir qu'à l'Opéra ,
vous êtes trop laide par tout ailleurs.

La Déesse des Tambourins , dont les pas hardis & les sauts vigoureux étonnent , surprenent ,
raviffent ; cette Nymphe qui par son maintien
inspire la gayeté & quelquefois nous cause la
maladie des Abderites , est chez elle dans l'atti-
rail d'une personne, qui n'a qui que ce soit à
qui elle veuille plaire. La négligence dans les
autres femmes est appellée chez elle le *sans façon.* On voit Mademoiselle Cam. . . . rêveuse ,
en désordre & mélancolique : on s'en retourne
croyant ne l'avoir point vue.

La célebre & la divine Demoiselle le M. . . .
cette sans Parangon pour la voix , qui a fait les

de même que nos Privilégiées ne
paroissent à leurs fonctions, que
dans la situation convenable pour
plaire. Mars ordonnoit aux Guerriers d'être courageux ; mais il leur
défendoit d'être téméraires ; lui-
même leur donnoit l'exemple ; il
ne paroissoit au milieu des com-
bats que couvert d'une cuirasse
impénétrable. Venus, de même,
veut que ses Sujettes soient prudentes, quand elles sont aimables :
les graces étoient nues, parcequ'elles ne se fatiguoient point ;
leurs charmes n'en souffroient pas
le moindre dommage. Les Nymphes étoient habillées, parcequ'elles
sautoient & dansoient toujours :
leur gorge ne recevoit aucun tort

délices & l'admiration de tout Paris, dont le
corps & la taille semblent avoir été moulés,
pour former une Actrice inimitable & unique,
passe chez elle son tems dans son lit : elle y
mange, elle y boit, elle y gronde & sûrement
je ne dis pas tout. C'est la *Cendrillon* de Monsieur Perault.

des ſecouſſes qu'elles ſe donnoient ;
elle étoit retenue & priſonniere
dans un ornement en forme de
ceinture. De trois Déeſſes qui parurent ſans voile aux yeux du berger
de Phrigie , le Mont Ida en
vit deux s'enfuir pleines de con-
fuſion ; une ſeule triompha , encore étoit-ce la Reine de la beauté (a). Voulons donc que nos Courtiſanes ne ſe deshabillent jamais
dans des excès de plaiſirs & de débauche : Ordonnons de plus , que
depuis 15 ans juſqu'à 30 elles porteront des corps ou des corſets

(a) L'illuſtre C. . . . . & ceux qui furent in-
téreſſés dans cette délicate partie , dont le Ma-
gazin de la rue ſaint Nicaiſe fut le Théatre , &
les voiſins les témoins, nous diroient ſans doute ; s'ils vouloient dire vrai , qu'aucune des laſ-
cives Ménades , qui parurent à leurs regards lu-
xurieux , ſans jupon & ſans chemiſe , ne fit le
rolle de Reine de la Beauté. On comptoit dans
ce tems là une triſte avanture arrivée à la P. . . .
auſſi célébre par ſa lubricité que par ſon talent. Ces Orgies tant vantées donnerent lieu à
une Romance qui commençoit ainſi : *De Sons il
eſt une Boutique , que l'on appelle l'Opera.*

balennés , qui marqueront foigneufement la taille ; depuis 30 ans jufqu'à 40 , de fimples corfets buf-
qués : après 40 ans , nous ne nous
y intéreffons plus. Voulons que les
corps foient faits par le fieur Fla-
mand,& les corfets balennés & buf-
qués par la Demoifelle Jacob : pré-
tendons enfin , que nos Privilégiées ne fe deshabillent que le foir
en fe couchant.

### *ART. XXIII.*

Défendons aux Meres Directrices de permettre à ( *a* ) aucun des

(*a*) Il eft dans Paris de ces Muguets de tout
étage : les uns de baffe condition empruntent
un habit , pour fe faire paffer pour Grand-Sei-
gneur. Deux heures après l'oifeau quitte fon
plumage , & bientôt dans les Sales du Palais on
ne retrouve plus qu'un Geay & un vil Corbeau
croaffant , où un moment auparavant on avoit
vu l'éclat d'un Paon , & les fons harmonieux d'un
Roffignol. D'autres font leur affaire capitale ,
affaire pour laquelle toute autre s'oublie , d'être
au lever de nos Nymphes Parifiennes ; & une

petits-Maîtres & coureurs d'éguil-
lette de notre Capitale , de venir
interrompre aucune des Privilégiées
à sa toilette , sous prétexte de vouloir lui être utile & de chercher à
lui faire sa fortune. Comme ils ont
dans leur poche de fausses lettres de
change , ils n'ont de même dans la
bouche que de fausses paroles. Défendons de plus auxdites Directri-

main furtivement baisée leur paroît mille fois
plus précieux, qu'un *Bon* du Roi pour l'agrément d'une charge de Fermier-Général. Il est un
C. de M. . . . . . . qui se feroit un cas de conscience , s'il n'avoit pas vu chaque jour dans sa
matinée toutes les Actrices, Danseuses, Figu-
rantes, Chanteuses, filles de Chœur, &c. de
notre Opera. Les heures de notre Croisé sont ré-
glées ; ses complimens étudiés. Comme sa mémoire n'est pas riche , une vingtaine de contes
ou de fleurettes qu'il a lu , & qu'il a entendu
dire , mais dont sûrement il n'est point l'Auteur, font son affaire. Il les débite ; on bâille en
les écoutant ; on rit quand il est à la fin. Il passe
pour charmant ; c'est l'homme du jour , en un
mot. N'a-t-il pas raison ? Oui , sans doute : il
a pris le seul moyen qu'il pouvoit avoir, de dire
qu'il a de l'esprit avec impunité & sans être dé-
menti.

ces d'avoir la foiblesse de condes-
cendre par amitié à la passion de
quelqu'une desdites Privilégiées ,
qui se trouveroit aimer quelque
jeune homme sous le titre de Gr. .
. . . . . elles se perdent avec ces fortes de connoissances furtives ; Voulons donc que si une Mere Directrice étoit surprise avoir prêté les
mains dans ce complot , elle soit
chassée sur le champ & notée de
façon , qu'elle ne puisse de sa vie
espérer aucun emploi dans l'étendue de notre empire amoureux,

### *A R T.   X X I V.*

Enjoignons à nos Courtisanes
d'être douces & affables aux Vieillards ; trop de rigueur avec eux
les effrayeroit , les anéantiroit peut-
être. Si, semblables à Annibal , ils
ne sont pas assez forts pour s'em-
parer de Rome , qu'elles leur per-
mettent aux moins de s'amollir

dans les murs de Capoue. Le plaisir est toujours plaisir : il ne faut rien méprifer dans l'Empire amoureux; & les hommes âgés feroient les derniers qui devroient être les victimes du dégoût & du dédain. Un jeune homme plein d'ardeur fuit fon caprice, fa paffion brutale, & fon amour propre. Quelle obligation une Belle doit-elle lui avoir ? Aucune fans doute : il ne jouit que pour lui ; il n'aime que lui feul Un Neftor (a). en Rût prouve fon

(a) La Demoifelle du R.... qui depuis quelques années s'eft retirée du Théatre, avoit enchaîné à fon char plufieurs de ces Neftors: fouvent ils lui fervoient de reffource. Elle ne manquoit pas deux ou trois jours de la femaine d'aller faire fa ronde : fes vifites étoient plus courtes que celles d'un Médecin en réputation, & lui étoient mieux payées. Quand le plaifir ne vouloit pas être de la partie, on fe contentoit de fe faire infcrire. Un maître de Flute en a-t-il moins fon cachet, que fon écolier ait ce jour-là l'embouchure ou non ? Parmi les galans furannés de la Demoifelle du R.... on contoit l'éternel de V.... hélas ! il ne fe plaifoit plus, je crois, que dans la feule fpéculation : un beau

zèle ;

zéle ; s'il réuſſit , quel honneur ne fait-il pas à notre favorite ; elle

Tableau de Boucher , ou de Coypel , lui auroit fait autant de profit. *Suſpecta libido eſt , quæ Venerem affectat ſine viribus.* . . . . . Méïbomius a donné autrefois une diſſertation, qui eſt un tréſor de reſſources pour la vieilleſſe. Les animaux ſe raſſaſient de plaiſir ; l'homme ſeul en eſt inſatiable. Dans les jeunes gens c'eſt une fougue & une fureur que rien ne peut retenir. L'excès ſeul les ramene à la raiſon : ils brulent toujours, tant qu'ils ſentent du feu dans leur foyer. Dans les vieillards la mémoire & le deſir leur tiennent lieu de jouiſſance ; & dans leur appétit paillard, ils font mille fois plus malheureux que la jeuneſſe. Ils ſe ſouviennent qu'ils ont éxiſté, & voudroient encore pouvoir être dans cette vigueur, dont ils font parade. En ces momens cruels, ils ne demandent au Ciel le miracle d'Ezechias que pour ſix heures : mais les infortunés qu'ils font ne s'apperçoivent que trop que le milieu du jour eſt paſſé pour eux ; le ſommeil les fuit, le lit leur eſt inutile, & la canne dont ils ſe ſoutiennent d'un pas chancelant ne ſert qu'à frapper la terre, & l'avertir d'ouvrir ſes entrailles, pour leur ſervir de tombeau. Malgré cet état léthargique, ne s'en trouve-t-il pas d'aſſez inſenſés pour vouloir rendre encore une jeune & aimable femme la victime de leur caprice & le témoin de leur foibleſſe ? Infirme & caduc vieillard, que vas-tu faire ? tu prens pour compagne une tendre beauté. Crois-tu ton débile gouvernail capable de conduire cette nouvelle barque ?

D

opére un miracle. Si son Vaisseau ne peut aborder, c'est un malheur pour lui ; mais ce n'est point une insulte pour elle. Combien de fois l'Aurore auroit-elle eu lieu d'être irritée contre l'épuisé Tithon, si

Ton ancre ne pourra jamais atteindre le sable, pour l'arrêter : par ta faute, souvent elle s'égarera ; la violence des vents déchirera ses voiles, brisera ses cordages ; & elle sera contrainte de se jetter dans le premier Port pour se radouber. Tu gémiras alors ; mais il sera trop tard. Non, nous crieras-tu dans cet instant de désespoir, non, il n'est point de plus grand mal, de plus irréparable & de plus nécessaire que la vieillesse. C'est maudire un homme, que lui souhaiter de devenir vieux : l'ame disparoît ; la raison s'envole ; les organes s'usent ; la seule matiere reste, souvent même se corrompt : je crois voir tomber une prison. Le vieillard n'a en partage que tristesse, mélancholie, langueur, imbécillité. Tu te plains ! tu t'ennuyes donc d'être vieux ? C'est ta faute ; pourquoi n'as-tu pas voulu mourir auparavant ? Est-il un plus grand mal pour un vieillard que celui de vivre ? Oui, sans doute, il en est un : celui d'être odieux à soi-même, & ennuyeux à tout ce qui l'environne. Quelle ressource, quel moyen la nature a-t-elle donc laissé pour sortir de cet abîme de maux ? Un seul, le courage le trouve ; mais tu n'en as plus. Terrible état, que celui de faire pitié !

elle eût été si vétilleuse & si près
regardante. Permettons à nos Favorites d'employer quelque secours
en faveur de ces amoureux Séxa-
génaires pour en tirer partie, pourvu
que ce secours ne soit ni fatiguant
ni honteux.

## *A R T.    X X V.*

Créons & établissons dans notre
Capitale quatre Bureaux de Recette, que nous placerons dans les quatre différens quartiers, où seront si-
tués nos Serrails de volupté. Voulons que dans ces Bureaux soient dé-
livrés, tous les jours, excepté les
grandes Fêtes de l'année, à tous
ceux de nos Sujets qui voudront
jouir de nos Privilégiées, des Billets de jouissance, qui seront dat-
tés du jour & heure qu'on les aura
demandées ; lesquels Billets seront
changés de forme, marque, visa &
controlle de semaine en semaine,

pour éviter toute fraude, furprife &
contrefaction : fera payé pour chacun de ces Billets , fçavoir pour
ceux de jouiffance des *jeunes Fa-*
*vorites* 12 liv. pour les Billets des
*Courtifanes joyeufes* 6 liv. & pour
ceux des *Femmes faites* 3 liv. Entendons & Voulons qu'avec ces
Billets tout homme , de quelque
qualité & condition qu'il foit, foit
admis & reçu à toute heure & à
tout moment, à pouvoir jouir defdites Privilégiées dans l'une de nos
quatre maifons de joie qu'il aura
choifie, laquelle fera marquée fur
chaque Billet , avec le N°. de la
Claffe : Voulons que tout porteur
defdits Billets foit tenu de le remet-
tre ès mains de la Mere Directrice
dé la Claffe , ou de la Sœur Vifiteufe, avant que de pouvoir entrer en
jouiffance.

## ART. XXVI.

Défendons aux *jeunes Favorites* d'accorder leurs faveurs à plus de deux hommes par jour : ainſi ne ſera délivré , par nos Receveurs dans chaque Bureau , que deux cens Billets de jouiſſance à 12 liv. pour chaque jour de la ſemaine : ne pourront les Privilégiées retenir leurs galans dans leurs chambres de plaiſir plus de trois heures chaque fois , ſous peine de déſobéiſſance & de punition. Enjoignons aux Meres Directrices, de tenir la main à l'exécution du préſent Réglement. S'il arrive qu'il ſoit demandé la colation ou quelques rafraîchiſſemens ; nous permettons à la Mere Directrice de les ſervir , & de ſe faire payer de ce qu'elle penſera lui être dû. Voulons bien qu'elle demande un peu plus cher ; mais défendons expreſſément qu'elles trompent ſur

la valeur des chofes & principale-
ment fur le vin, où ordinairement
elles fe donnent vafte carriere à
éxercer leurs concuffions. La colation fervie, la Mere Directrice fe
retirera, pour laiffer le galant en
poffeffion de l'objet de fes defirs; &
fera tenue d'avertir ledit galant, à
l'expiration des trois heures; ce qui
fera de même obfervé dans les autres Claffes.

### A R T.   X X V I I.

Permettons aux *Courtifanes joyeufes* de voir jufqu'à trois amans
par jour; depuis neuf heures du
matin, en été, jufqu'à huit heures du
foir; & en hyver, depuis dix heures
jufqu'à fix: ce qui fera exécuté dans
toutes les autres Claffes; lefdites
heures paffées, défendons à tous
nos Sujets d'entrer dans les maifons,
& aux Meres Directrices & Sœurs
Vifiteufes de les y admettre fous

peine de punition exemplaire pour l'un & l'autre sexe. Voulons qu'il ne soit délivré par jour que trois cens Billets de jouiſſance à six liv. dans chaque Bureau pour les *Courtiſanes joyeuſes*, à peine d'être privés de leurs emplois & fonctions, & condamnés à 600 liv. d'amende envers notre Hôpital des Enfans-trouvés : Ordonnons que les *Courtiſanes joyeuſes* ne pourront retenir leurs galans plus de deux heures pour chaque viſite, lequel tems expiré, ils seront tenus de se retirer en bon ordre & à bas bruit.

## ART. XXVIII.

Les Filles Courtiſanes favorites, que nous avons appellées *Femmes faites*, verront & recevront par jour quatre hommes & les retiendront une heure dans leurs chambres : pour ce sera délivré dans chaque Bureau la quantité de 400

Billets de jouiſſance à 3 liv. par jour
pour chaque maiſon.

*A R T.   X X I X.*

Comme il eſt des jours contrai-
res à notre Empire, & que la lune,
qui influe chaque mois de l'année
ſur nos Privilégiées, laiſſera ſouvent
leur fond inculte & ſans produit,
ne comptant point encore les tems
de vertiges, migraines & vapeurs,
auxquelles elles ſont ſujettes : Voulons qu'on choiſiſſe, parmi les aſpirantes auxdits priviléges, celles qui
paroîtront les plus aimables, pour
les remplacer pendant ce tems. Par
ce moyen le Public ſera bien ſervi ;
ces aſpirantes ſeront eſſayées pour
connoître leur capacité dans l'emploi, auquel elles ſe deſtinent &
dans le langage amoureux ; & nos
Privilégiées auront la commodité
de ſe repoſer pendant trois ou quatre jours : Enjoignons que la veille

que

que ces intrufes entreront en va-
cation, leur nom foit envoyé au
Bureau, pour être annoncé aux
galans, qui fans doute fe piqueront
de cette nouveauté, comme la cu-
riofité attire aux fpectacles nos
François, lorfque les affiches du
Théatre nomment une nouvelle
Actrice ou un nouveau Chanteur.
La Mere Directrice aura l'œil fur
elles & verra leur façon d'agir &
leur maniere de fe préfenter ; &
fçaura faire un jufte & fincere dé-
tail de leurs défauts & qualités à
notre Commiffaire Général, qui
en fera l'ufage néceffaire, pour le
bien de notre établiffement & pour
fa folidité. Permettons à nos Privilégiées, pendant ces jours de repos, de fe promener dans les Jar-
dins publics, ou d'aller au Spectacle : en ce cas elles y feront ac-
compagnées par une de leurs Con-
fœurs. Ce fera même une démar-
che qui ne peut qu'être profitable :

Défendons cependant qu'elles s'y laissent accoster par qui que ce soit, & cherchent à y faire des connoissances (*a*).

(*a*) Dans cet Article notre charmant Législateur avoit des raisons que je ne conçois pas & que je n'ose pénétrer : dans ce moment volontiers je ne méconnois pas un aveugle.

1°. Il veut que des Aspirantes choisies remplacent des Privilégiées en cas de maladie ou d'autre accident : elles ne font point, il est vrai, dans cette circonstance le rôle de *Chouette* ; notre Licurgue ne les deshonore pas dans ce sens-là : pour faire ce personnage avec gloire, il faut être ou filles ou femmes des Chefs d'un Etat ; les Aspirantes y feroient mauvaise figure ; de plus, nos Courtisanes ont besoin de leur santé & n'ont point un Médecin pensionné pour elles. Mais, d'un autre côté, je crois ces Aspirantes deshonorées, si le hazard veut qu'elles s'acquittent mal de leur commission. Elles avoient perdu déja leur honneur, me dit-on : je m'en doute bien ; mais les seules parties intéressées le sçavoient ; à présent c'est tout un peuple d'amateurs de nouveau, qui est à l'affut de ces sortes de Billets ; un seul homme obtient ce fatal Billet ; un seul homme est heureux ; toute la Ville connoît son bonheur, en est jalouse : en un mot, c'est l'entretien du jour dans tous les Caffés : & si la Prêtresse est re ettée, elle sera reconnue de tout l'Univers, sous les marques de la honte & de l'infamie.

2°. L'amour permet à ces convalescentes d'al-

## *ART. XXX.*

Notre deffein étant de chercher les moyens de procurer un bénéfice particulier auxdites Privilégiées, nous leur permettons de recevoir de leurs galans ce qu'ils voudront leur donner gratuitement.

ler aux Promenades , aux Spectacles , &c. je crois d'abord, qu'elles n'iront point dans ces lieux avec leurs habits de livrée ; elles feroient auffi-tôt reconnues & montrées au doigt...... grace, grace au gloffateur : il déraifonne : Quoi ! je fuis affez fot pour penfer qu'elles doivent rougir ? Non , non ; il n'y a pas plus de honte à montrer qu'on appartient à l'amour , qu'à s'annoncer premier fujet d'un Roi par un Cordon bleu. Je n'ai pas l'efprit de fentir que mille femmes du calibre de nos Courtifanes n'ont fait fortune , que pour avoir été montrées du doigt. Ces fameufes *Sœurs du Palais Royal*, quand elles s'apperçoivent qu'une vingtaine de leurs Amans a déferté, n'ont point d'autres reffources. Elles paroiffent à une premiere Loge ; minaudent fans ceffe ; faluent qui ne les connoît pas. Elles n'occupent ces Places , que pour attirer les regards. Elles font elles-mêmes une double Scene ; chacun les remarque : c'étoit leur but. *Spectatum veniunt , veniunt fpectentur ut ipfa.*

E ij

outre la taxe ci-deſſus marquée, ſans cependant pouvoir rien éxiger d'eux, s'ils ne ſont pas dans ce deſſein (a).

(a) Les Domeſtiques des Courtiſanes Romaines étoient entretenues aux dépens de la généroſité & de la bourſe des ſoupirans de leurs Maîtreſſes : cette méthode ne s'eſt point abolie. Elles ſe fient encore à notre bonté, & nous ſommes aſſez généreux, pour ne les pas tromper dans leur attente. Dans le commun des femmes publiques, le *Quadrans* étoit le prix de la Lotion, & *l'As* de la faveur. O l'heureux ſiécle ! que ne ſuis-je du tems d'Auguſte ! on n'étoit pas ſi cher qu'à préſent : un écu dans ma poche ſuffit à peine à me gagner la bienveillance de la Suivante. Belle Lyciſca, vous étiez ſi aimable & ſi bonne ; vous étiez complaiſante, & vous n'étiez point Arabe... *Æra popoſcit* ; ce mot eſt un coup de tonnerre pour moi. Aujourd'hui il faut être des Créſus, des R.... & des F.... pour aborder les Courtiſanes de Paris. Sont-elles paſſables ; ce ne ſont plus des Liciſca, elles demandent auſſi cher que Phriné : elles ne ſe donnent, ma foi, pas ; elles ſe vendent bien. *Non æra, ſed aurum ſed gemmas poſcunt.* Ce qui me conſole cependant, le voici ; je découvre la botte ſecrette : n'importe. Je ris de tout mon cœur, quand je vois le fils de ce maltotier croire qu'il eſt aimé, parcequ'il a beaucoup répandu d'argent : qu'a-t-il pour plaire ? rien au monde que de l'impudence & de la fatuité, Croiroit-il être

## ART. XXXI.

Si quelqu'une defdites Privilégiées étoit capable de faire quelque baffeffe, prendre & voler le
moindre bijou ou de l'argent au
galant qui fe trouveroit avec elle ;
enjoignons audit homme lezé, de
faire fes plaintes fur le champ, &
de retourner au Bureau fe faire
infcrire & faire fa dépofition devant notre Commiffaire Général :
Ordonnons à notre-dit Commiffaire Général, felon fa prudence
& dans l'intégrité de fa confcience,
d'éxaminer la chofe fcrupuleufe-
ment ; fi le fait eft averé & re-

l'écu d'Athlant, & avoir la vertu de renverfer
nos belles d'un feul regard, comme cet infernal
Magicien faifoit tomber les plus braves Chevaliers à la vue de fon Bouclier ? Sors d'erreur ; tu
n'auras pas plus de bonheur, que tu as de goût :
& fouviens-toi que c'eft une grande faveur
qu'on te fait, de prendre tes Louis. Il eft des
femmes affez fufceptibles, pour les refufer au
prix que tu les donnes.

E iij

connu pour certain, faire emmener ladite Privilégiée, la punir d'une façon exemplaire, & la faire renfermer pour le reste de ses jours à l'Hôpital du Fauxbourg S. Marcel. Si le galant est reconnu en fourbe, & surpris demandant ce qui ne lui appartient point, permettons à notredite Privilégiée d'agir contre lui en réparation pardevant notre Tribunal, pour y être jugé par nous avec la justice la plus irréprochable ; & ledit homme de mauvaise foi condamné à 3000 liv. de dommages, dont un tiers pour notre Hôpital des Enfans-trouvés, un tiers pour la caisse des réparations, & le dernier tiers pour ladite Courtisane injustement accusée & calomniée : Voulons que le susdit imposteur soit remis entre les mains de notre exécuteur des hautes-œuvres, pour être frotté dans la Place de notre Hôtel de Ville, d'une côte

(55)

du cheval de Troye, reméde divin
contre le prurit de mal parler, &
qu'il soit ensuite banni à perpétuité
de nos Etats, comme l'ont été der-
nierement ces illustres fainéans, qui
se faisoient appeller *la Descente de
Mars.*

### ART. XXXII.

Défendons auxdites Privilégiées,
de jouir de leur Privilége pendant
les 4 grandes Fêtes de l'année &
les jours de Vierge (a) : & ne permettons qu'elles n'exercent leur

(a) Madame Amen, ( Dieu aye soin de son
ame ) cette femme, qui sans contredit s'est illus-
trée par l'honneur & la façon généreuse, dont
elle a rempli dans Paris sa charge de Macq. . . .
avoit établi dans son Taudis la même regle, que
le Dieu de Cythere établit dans son Empire. Re-
fusera-t-on de reconnoître l'inspiration divine ?
Son scrupule Religieux alloit jusqu'à l'excès ;
ceux qui l'ont connue en rendront bon compte.
Il y avoit des jours dans l'année, où, par dévo-
tion, elle ne vouloit pas, que ses éleves prissent
d'argent de qui que ce soit de ses pratiques. Oh !
pour le coup, voilà ce qu'on appelle une brave
femme ! Oui, parbleu ; c'est butter à l'immor-
talité.

E iv

fonction les Dimanches & Fêtes
ordinaires, qu'après 11 heures,
fous peine d'encourir notre indi-
gnation, d'être déchues de leur Privilége & chaffées de nos maifons.

## *ART. XXXIII.*

Permettons à chaque particulier, qui voudra jouir defdites Privilégiées hors de nos maifons, pour
les mener à fes terres ou maifons
de campagne, qui feront éloignées
au plus de 10 lieues de notre Ville
Capitale, d'aller faire fa déclaration & foumiffion au Bureau des
Adminiftrateurs defdites maifons,
fous la forme fuivante : *je*
*fouhaite emmener avec moi la De-*
*moifelle        fille Privilégiée, âgée*
*de -       ans que j'ai choifie de la*
*Claffe de la maifon fize dans le quar-*
*tier de          pour la conduire à*
*ma maifon de campagne fituée à*
*             j'entens l'y garder pen-*
*dant          jours ; & m'engage à*

*la ramener en bonne santé, dans le tems expiré.* Voulons de plus que nos Adminiſtrateurs lui demandent bonne & ſuffiſante caution, & lui faſſent payer par avance la ſomme de            à raiſon de 18 liv. par jour pour une *jeune Favorite*, de 12 liv. pour une *Courtiſane joyeuſe.* N'entendons comprendre dans le préſent Article les *Femmes faites*, qui ne pourront ſortir de leur maiſon, pour quelque cauſe & prétexte que ce ſoit, ſi ce n'eſt pour ſe mettre en retraitte dans les Communautés, dont nous avons parlé ci-deſſus, à l'Article IX. & X. du préſent Réglement : retraitte que nous permettons à toutes les autres Privilégiées, ne voulant pas les retenir par contrainte dans le libertinage, pourvu qu'elles avertiſſent un mois auparavant notre Commiſſaire - Général : Ordonnons, quant à ces promenades déplacées, qu'elles arrivent le moins souvent qu'il sera possible, & qu'on soit bien informé entre les mains de qui on remet nos Privilégiées : d'autant mieux que notre indulgence, en en mésusant, pourroit tirer à conséquence, & que pour le bien de notre établissement, nos Courtisanes favorites ne devroient point être déplacées, suivant en cela & approuvant l'usage des Théatres, où les billets des uns ne servent point aux autres.

## *ART. XXXIV.*

Défendons expressément à tous nos Sujets de quelque qualité & condition qu'ils soient, de faire sortir aucune desdites Privilégiées, sous le spécieux prétexte de les emmener à la campagne, pour les conduire chez eux dans notre ville & y mener avec elles une vie libertine & débordée : voulons qu'en pareil cas les délinquants soient condamnés à 3000. liv. d'amende envers notre Hôpital des Enfans-trouvés, leurs biens acquis & confisqués à notre profit, & eux bannis de notre Royaume.

## ART. XXXV.

Défendons à toute autre fille, femme ou veuve, de quelque rang qu'elles puissent être, & particulié-rement aux femmes de gens de robe & de finance, d'user des droits & prérogatives de nos Courtisanes pri-vilégiées directement & indirecte-ment, & d'exercer leurs fonctions à peine de 1000 liv. d'amende & de confiscation de leur toilette, ap-plicables, un tiers au Dénonciateur, un tiers à notre Hôpital des Enfans-trouvés, & un tiers à la caisse des réparations. Pourront cependant les susdites Dames & non les filles prendre des permissions de notre Chancelier, à charge & condition de payer pour l'indemnité de nos Privilégiées 12 liv. par chacune accointance qu'elles leur usurperont.

### ART. XXXVI.

Voulons que deux fois par semaine les Médecins & les Visiteurs en sous-ordre à notre Médecin & à notre Visiteur-Général des Privilégiées, viennent faire leur examen; qu'ils voyent scrupuleusement leur état, & si par vivacité de temperament ou trop de complaisance, elles n'auroient pas franchi les bornes, que la sage nature doit mettre aux plaisirs Cythériques : en ce cas, ordonner tels remedes anodins & rafraîchissans qu'il paroîtra requerir ; tel accident pouvant arriver par excès de zèle à toute la Communauté.

### ART. XXXVII.

Etablissons dans chaque Maison

une Pharmacie, & y prépofons un Apothicaire, qui aura travaillé dans l'efpace de deux ans fous un Privilége : il fera nourri, chauffé, éclairé, & en cas de befoin médicamenté : lui donnons le Privilége de Maîtrife, après avoir fervi cinq ans fans reproche. Une Duegne ou Sœur Vifiteufe fera dépofitaire de la Pharmacie & aura fous elle deux filles fubalternes, qui donneront les clifteres, & tout ce qui fera néceffaire pour le rafraîchiffement des Privilégiées.

## ART. XXXVIII.

Ordonnons qu'il foit bâti fur le Boulevart 30 petites chambres avec garderobes, uniformes à celles du fieur Petit Charron du Roi, & les deftinons pour celles de nos afpirantes, qui, dans les vifites, auront été foupçonnées de n'être pas d'une fanté affez certaine pour être pré-

fentées dans le moment au fcrupuleux Public. Le Vifiteur-Général
les foignera dans tout ce qui leur
fera néceffaire, tant en emulfions,
ptifannes rafraîchiffantes, eau de
poulet, qu'en faignées, médecines
douces, &c. Voulons qu'il y ait,
pour les fervir & les garder fix femmes qui auront 300 ans, leurs biens
mis en commun ; qu'elles fçachent
faire un potage & cuire à propos le
rôti : que le fond de cette dépenfe
foit pris fur le produit des Courtifanes qui mourront, pendant qu'elles feront en exercice. Entre ces pe-
tits appartemens fera bâti un corps
de logis, où habitera un Concierge
qu'on choifira de bonnes mœurs. En
bas il y aura un Salon, qui des deux
côtés conduira par une gallerie dans
la chambre des afpirantes & des do-
meftiques, afin qu'il ne s'y paffe rien
de contraire à l'ufage des remedes,
ni aucun trafic contre nos droits.
Les fix Gouvernantes, à l'âge de 60

ans, auront de droit un lit aux In-
curables.

### ART. XXXIX.

Créons une Compagnie compo-
fée d'un Commandant & de vingt
Archers, pour chacune de nos Maifons, dont l'emploi fera de confer-
ver la tranquillité dans les quartiers,
où feront nofdites Maifons ; d'empêcher qu'on infulte nos Courtifanes privilégiées, & qu'on leur faffe
aucun tort, foit en leur perfonne,
foit en leurs biens & meubles ; &
au cas de rebellion d'en dreffer un
procès - verbal, fur lequel notre
Commiffaire Général ftatuera &
infligera telles peines qu'il appar-
tiendra.

### ART. XL.

Donnons aux Meres Directrices
la commiffion, avant de fe coucher, de foigneufement fermer les

portes de leur département, voir si tout est en ordre & tranquille, & visiter le flambeau à la main dans tous les coins & lieux les plus retirés & secrets, si quelqu'étranger ne s'y seroit point glissé & caché de concert avec une de nos Favorites, ou à quelqu'autre dessein. Comme elles sont appellées Meres Directrices pendant le jour, voulons encore que sur leur Lettre de Finance leur soit donné pour ce nouvel emploi, le titre de *Reine des Ribaudes.* (*a*)

### A R T.   X L I.

1°. Donnons la Charge de Médecin - Inspecteur - Général & de Chirurgien - Visiteur - Général aux sieurs Ast... & Dib... à condition

______

(*a*) *Le Roi des Ribauds* est une ancienne charge dont il est fait mention dans les états de la maison de nos Rois des siécles précédens. Du Tillet, Fauchet & Pasquier sont de différens avis sur ses droits & sa commission.

qu'ils

qu'ils oubliront, en entrant en charge, l'animofité qu'ils ont l'un contre l'autre par efprit de métier ; & que, pour le bien de la chofe, ils deviendront amis, s'il eft poffible. Le fieur Aft. . . à qui l'affiduité du travail a donné une pleine connoiffance de toutes les maladies du climat inférieur du Microcofme, donnera fes avis au fieur Dib. . qui fur le champ les mettra en pratique : enjoignons au premier de n'avoir pas le ton fi rogue (*a*) pour la prééminence de la Médecine fur la Chirurgie, & au fecond de lui permet-

(*a*) Tout Paris, que dis-je ? Toute l'Europe fçait la longue difpute, que les Médecins & Chirurgiens ont eue entr'eux : on tient encore entre les mains les Factums & libelles pour & contre, dont les uns font affez paffables pour être lus, les autres affez mauvais pour être tombés dans l'oubli à la porte de l'Imprimeur même. Deux puiffans Rivaux balancerent par leurs brigues le deftin de ces deux Compagnies. La victoire vola long-tems incertaine dans fon choix. Enfin la très-falubre Faculté Jatrique l'emporta, & le triomphant Aft, . . . fe fit un plaifir de braver fon adverfaire dans fa défaite. *Cedant arma togæ.*

F

tre un peu de cette vaine gloire en faveur des belles découvertes, dont il a enrichi le Public dans son immense Traité *de Morbis Venereis*, qui sera toujours estimé, quoique ses Confreres, par jalousie peut-être, disent que le fond n'en soit pas excellent, & que les plus vétilleux Grammairiens, par un air de ridiculité érudite, publient hautement que la forme fourmille de solécismes & de fautes impardonnables au plus petit écolier (a); accordons à chacun d'eux deux mille écus par an pour leur soin.

2°. Donnons la Charge de Tréforier & Receveur Général au sieur B..... que la voix générale du Public annonce, pour être d'une éxactitude & d'une probité irré-

____

(a) Quoiqu'on en dise, on sera toujours obligé d'avouer qu'il n'y a point en France d'homme qui parle plus facilement Latin que le sieur Astruc: il semble, à l'entendre, que ce soit sa langue naturelle, & que le François ne soit qu'un effet & une suite de son travail.

prochable dans la régie des deniers
qu'il a eus jufqu'à préfent entre les
mains, & lui accordons une penfion de 8000 liv. par an, pour fon
entretien & de quiconque lui ap-
partiendra.

3°. Etabliffons pour Commiffaire Général des 4 maifons le fieur
M..... dont l'humeur & le temperament infatigable le rendent capable de tout le poids de cette
Charge : lui accordons, pour chaque certificat qu'il délivrera la fomme de 6 liv. & le droit de prime
jouiffance de chaque Privilégiée :
comme ce droit nous paroît être
d'une grande étendue, nous lui a-
vons adjoint pour Commis, que nous
lui garantiffons en état de remplir
le Vicariat avec honneur, le fieur.....
c'eft un jeune homme de 25 ans,
qui en cas de befoin defferviroit la
Cure lui feul, fans crainte d'y en-
gager fa gloire : mais ne lui accordons cet emploi qu'aux conditions

qu'il obfervera ce qui lui eft pref-
crit dans l'Article VIII.

4°. Nous avions accordé au fieur
Abbé Desf. . . . la Conciergerie des
petites chambres du Boulevart, en
faveur de fa bonne réputation :
mais la mort nous l'ayant enlevé,
nous mettons à fa place le fieur
Perd.... dont les mœurs font idoines
à cette commiffion : lui accordons
2000 liv. & un laquais capable de
le fervir, à qui nous allouons 200
liv. pour fes gages.

5°. Comme l'Abbé de G. . . . .
(a) a fait un long féjour au Fort-

_____

(a) Quoi, faut-il dire qui eft cet Abbé de
G . . . . ? Tout le monde doit le connoître. C'eft
ce mauvais Géographe ; c'eft ce Pfeudonime qui
met à la tête de fes Ouvrages des Préfaces qu'il
ne fait pas par pareffe & ne paye pas par avarice;
c'eft en un mot un Auteur ignorant, & un trai-
tant de mauvaife foi. Que je fuis défefperé de
ne pas fçavoir au jufte fon avanture de la rue de
Haute-Feuille ! Quel plaifir j'aurois à la raconter ! Je peindrois un Prêtre faifant le métier d'a-
moureux ; un amoureux faifant le rôle de M....
une Marquife duppée, de l'argent volé, &c. &c.
&c. *fum plenus rimarum.*

l'Evêque, & a laissé sur ses traces
une fort mauvaise réputation de lui-
même, nous lui ôtons le Sécrétariat
que nous lui avions destiné, & nommons à sa place l'Abbé B. . . homme
de bonnes mœurs, sans reproche,
& qui répare l'ignorance où il est
sur son pere & sa mere, par des
connoissances étendues sur toute
matiere, & qui est en état d'expri-
mer des monumens des anciens
Romains, tout ce qui contribue à
l'éloge des Courtisanes : *l'honneur
de ses travaux réjallira sur elle* : lui
accordons 1200 liv. qui suffiront
sans doute à sa petite Philosophie ;
& lui permettons de garder le titre
de Chanoine d'A. . . ..

6°. Chargeons les (*a*) sieurs Pr...

______

(*a*) Le sieur Pr.... a toutes les qualités convenables à un homme, & aucune de celles qui
annoncent un Médecin : il est de la Faculté &
fait des Comédies pour le Théatre Italien. S'il
aime tant à faire des Vers, que ne traduit-il sous
la forme d'un Poëme Epique, le Plantureux
Commentaire de Chartier sur Hippocrate ? Ce

& (*a*) le Th... d'essayer nos Privilégiées „ lorsqu'elles fortiront des

feroit un bien : nos jeunes Etudians en Médecine
quitteroient Rousseau, pour recourir aux Aphorif-
mes devenus d'autant plus intelligibles qu'ils feroient plus amusans. Que n'évitoit-il à la litté-
rature Latine ce mauvais Poëme *Amphitheatrum
Medicum*, en donnant quelque jolie Piéce fur ce
nouvel édifice. Il eft Poëte; ce n'eft pas tout : il
ne fait des Vers que par la proximité de paren-
tage qu'il a avec Pegafe. Il eft homme de remarque ; & les préjugés, que le fexe a fur lui, ne
font pas de vains préjugés. Héritier du fils d'Al-
cmene, il a gardé de la fucceffion de ce Dieu
cette vénérable maffue, dont il porta tant de coups
glorieux, & cette herbe fameufe, qui fit fon
triomphe auprès des 50 Thefpiades.

(*a*) Le Th... fon Confrere s'eft adonné à fon
métier en tout genre; non content d'en poffé-
der la théorie, il a voulu auffi la gloire & le titre
de grand Praticien. Ses Trophées, fes preuves
d'Erudition font dans la maifon des D. de S.
Ch.... femblable à la Javeline du fils de Te-
this, il laiffe le baume dans la plaie qu'il fait.

Je me fouviens d'avoir vu un Portrait gravé
de cet honorable fuppôt de la Faculté : on li-
foit au bas ce diftique.

*Afpicis ora viri Medicâ fimul arte periti
Atque probi ; virtus altius ire nequit.*

Sans m'arrêter fur *Medicâ fimul arte periti,* at-

mains du fieur Dib. . . . fçachant leur grand mérite & connoiffant la folidité de leur réputation en pareille matiere. La vue du plaifir leur fera fermer les yeux fur le gain : mais nous leur défendons, à Pr. . . de travailler pour aucun Théâtre, & à le Th. . . de continuer fon recueil de *Confultations de Médecine*, ou tout du moins de l'écrire en ftyle intelligible, & d'abandonner l'idiome Vifigot, dont il a fait gloire fqu'à prefent.

7°. Voulant prendre toutes les méfures néceffaires, nous donnons au fieur P. . . . grand Praticien la place de Médecin Confultant : les lumieres de cet habile homme fur les maladies, que nous voulons détruire

*que probi*; j'ofe feulement dire à la louange de ce Sçavant perfonnage, que *virtus* dont il eft queftion dans le diftique que je viens de rapporter, eft fans doute celle des *Virtuofes*. Le mot *altius* n'eft pas riche ; il s'entend auffi fouvent en mauvaife qu'en bonne part. M. le Chevalier le Moine, quand vous faites un Eloge, vous lui donnez l'air d'une Satyre.

jufqu'à la racine, nous font trop néceffaires pour les négliger.

8°. La place de Chancelier de notre Royaume étant d'un revenu confidérable & devenant vacante par la mort du fieur B... de R..., nous attendons que quelqu'un fe préfente pour la remplir : il en eft un, qui en exerceroit les fonctions mieux que qui que ce foit ; mais nous ne le nommons pas, & exigeons qu'il faffe les premieres démarches, le titre de notre Chancelier lui convenant mieux qu'à tout autre.

9°. Connoiffant le talent univerfel du fieur Gr... autrefois Jéfuite, nous le choififfons de notre prudence, pour faire quatre infcriptions différentes à chaque porte d'entrée de nos Serrails de plaifir (a) : lui

(a) Revenez, illuftres Manes des Sannazares, des Pafferats, des Murets, & des Santeuils ; ou fi votre cendre fe plaît dans le repos, infpirez-nous au moins du riant féjour de l'Elifée ces heu-

accordons

(73)

accordons un an pour les composer, & lui donnons pour récompense la permission de s'en faire annoncer Auteur, pour en tirer tout l'avantage, que la gloire de cet ouvrage peut lui apporter.

10°. Choisissons aussi, pour peindre des 4 Tableaux, qui se trouveront au-dessous de chaque inscription, le fameux, Toc.... si connu par la correction de son dessein & l'élégance de son Pinceau délicat, & lui donnons 4000 liv. pour les 4 tableaux.

11°. Voulant que nos Privilé-

reuses faillies, qui ont fait la gloire des siécles où vous viviez & la jalousie du nôtre : animez-moi d'un rayon de cette vaste imagination, dont vous étiez agités.... Attendez, profanes mortels ; l'invocation opére ; une force invisible s'empare de moi. C'est l'amour lui-même, qui dicte ce qui convient à son culte. Je ne suis qu'un M..... en pareil cas ; heureux *Isr*..... écoutez ce que mon Dieu m'inspire :

*Hîc Veneris templum : Mortalis quisque Sacerdos ; Victima sit Scortum ; S.... Thus ; Ara, Cubile.*

G

giées menent une vie autant régu-
liere qu'elles peuvent, leur nommons un Aumonier & Directeur
Général de conscience, & donnons ce glorieux Apostolat & cette
commission de Missionaire à l'Abbé
B.... à qui nous ôtons la Desserte
de la Chapelle des Pages de notre
maison, son mérite pour les Con-
versions étant dans cet emploi
comme un talent enfoui : qu'il marche, & que son zèle le rende un
nouveau Paul au milieu des Gen-
tils (a).

12°. Connoissant le talent particulier que la nature avare en ses
dons a dispensé libéralement au
sieur D..... dans la façon d'insi-
nuer un clistere, le prions de dé-
couvrir son secret & d'en instruire

_____

(a) Le Législateur auroit dû leur donner aussi
pour Conférencier le chaste & pudique Auteur du
Débauché converti ; aussi-bien m'assure-t-on qu'il
travaille à un Commentaire de la Bible, je lui
conseillerois de commencer par *Job*, & de finir
par les *Juges*.

les femmes feringueufes : pour fa complaifance, ordonnons qu'il lui foit fait préfent d'une lorgnette d'Opéra & d'une grande canne de bois d'épine : de plus, voulons qu'il lui foit fait bon accueil par nos Privilégiées, fans cependant qu'il puiffe y avoir entre lui & elles aucune privauté & accointance myftérieufe, pour des raifons plaufibles & morales.

# BORDEREAU

## DE DEPENSE ET RECETTE.

### RECETTE.

400 Filles des dix premieres Classes donneront par jour sur le pied de 12 liv. à quoi a été réglé le prix de leur jouissance, 4800 liv. cy . . . . . . . . . 4800 l.

Et comme il leur est permis de voir deux hommes par jour, il faut ajouter pareille somme de 4800 liv. cy . . . . . . . . 4800.

400 Filles des dix secondes Classes à 6 liv. chaque billet & trois jouissances par jour, donneront 7200 liv. cy . . . . . 7200.

400 autres Filles des dix dernieres Classes à quatre visites par jour, sur le pied de 3 liv. par chaque personne, donneront 4800 liv. cy . . . . . . . . 4800.

Ce qui donnera par jour 21600 liv. cy . . . . . . . . . . . 21600.

Mais attendu que dans le cou-
rant de l'année il y aura des jours
où les filles de l'une & de l'autre
Claſſe ne verront peut être point
le nombre d'hommes qu'il leur
eſt permis de voir par chaque
jour ; que d'ailleurs il leur eſt
expreſſément défendu d'en voir
aucun, les quatre grandes Fêtes
Dimanches avant onze heures du
matin : le produit deſdits fonds
ne ſera tiré que ſur le pied de 300
jours pour l'année de 365. . . . . 21600.

       multipliés par . . . . . . 300.

produiront par année la ſomme
de . . . . . . . . . . . . . .6480000

## DEPENSE.

Pour la nourriture & l'entretien
de 1200 Privilégiées ſur le
pied de 900 liv. chacune, notre intention étant que leſdites Privilégiées ſoient bien
nourries, & que rien ne ſoit
épargné pour leur donner des
mets nouveaux & choiſis dans
chaque ſaiſon de l'année,
total monte à . . . . . . . . . 1080000

Pour les 400 Filles, qui compo-

sent les 10 premieres Claſses
de chaque maiſon , à raiſon
de 800 liv. de penſion pour
chacune payable de quartier
en quartier; ce qui fait de fond
par année 320000 liv. cy . . . 320000
Pour les 400 Privilégiées des 10
ſecondes Claſses à raiſon de
600 liv. pour chacune 240000
cy. . . . . . . . . . . . . . . . .240000
Pour les 400 Privilégiées qui
compoſeront les dix dernieres
Claſses , à raiſon de 500 liv.
200000 liv. cy . . . . . . . . .200000
Total de dépenſe pour la nourriture & la penſion. . . . . . .1840000

Pour les Adminiſtrateurs, à 6000
  l. chacun , 24000 liv. cy . . . 24000
Au Tréſorier , Receveur Géné-
  ral & Payeur deſdites Privilégiées , 8000 liv. cy . . . . . . 8000
Aux 4 Receveurs des 4 Bureaux ,
  à raiſon de 1800 liv. pour chacun , 7200 liv. cy . . . . . . . 7200
Aux 4 Commis à 800 liv. chacun
  3200 liv. cy. . . . . . . . . . 3200
A 4 Médecins à 1500 liv. chacun , 6000 liv. cy . . . . . . . 6000

A 4 Apoticaires , à 1200 liv. chacun , 4800 liv. cy. . . . . . . . .    4800
A 24 Matrones , à 900 liv. cha-
cune , 21600 liv. cy. . . . . . .    21600
Aux 120 Meres Directrices 600 l.
chacune 72000 liv. cy. . . . . .    72000
Aux 120 Sœurs Controlleuſes , à
500 l. chacune , 60000 l. cy. . . .    60000
A 12 Aümôniers , qui deſſervi-
ront leſdites Maiſons , à 600
liv. pour chacun , 7200 l. cy. .    7200
A 120 Servantes , à 100 liv. chacune , 12000 liv. cy. . . . . . .    12000
A 80 Blanchiſſeuſes , à 150 liv.
chacune , 12000 liv. cy. . . . .    12000
A 4 Chefs de cuiſine , à 800 liv.
chacun , 3200 liv. cy. . . . . .    3200
A 36 Aides de cuiſine , à 500 l.
chacun , 18000 liv cy. . . . . .    18000
A 4 Officiers Commandans des
Archers , à 1500 liv. chacun ,
6000 liv. cy. . . . . . . . . .    6000
A 80 Gardes ou Archers à 100
liv. chacun , 8000. liv. cy. . . .    8000
Pour l'entretien des Archers ,
pendant l'année . . . . . . . .    12800
Pour Poudre , Rouge, Mouches ,
Pommades , &c. . . . . . . .    100000
Pour l'Imprimeur des Billets ,

Regiſtres , &c. . . . , . . . . . .    1000

Pour Papier , Plumes , Encre ,.
Regiſtres , &c. . . . . . . . . .    3000

Pour 100000 liv. deChandelle à
10 ſols. . . . . . . . . . . . . .    50000

Pour 320 Voyes de Bois à 20 l.
compris voiture , ſciage &
ſerrage , 6400 liv. cy. . . . . .    6400

Pour 160 voyes de charbon , à
4 liv. 8. ſ. 704. liv. cy. . . . .    704

Pour la nourriture des Médécins ,
Matrones , Meres Directrices,
Sœurs Contrôleuſes, Blanchiſ-
ſeuſes, Servantes, 235200 l. cy    235200

Pour ballets , éponges , &c 300
liv. cy. . . . . . . . . . . . .    300

Pour 24 Porteurs d'eau à 400 liv.
chacun , 9600 liv. cy. . . . . .    9600

Pour 120. Friſeurs , à 400 liv.
chacun , 48000 liv. cy. . . . . .    48000

                                   —————
                                   2570404
                                   —————

TOTAL du Produit . . 6480000
TOTAL de Dépenſe . . . 2570404

Reſte . . . . . . . . . . 3900696
—————

Si donnons en Mandement à nos Amés & Feaux les Gens tenans notre Cour, que ces Préfentes ils ayent à faire enrégiftrer, & leur Contenu exécuter, garder & obferver de point en point, fuivant fa forme & teneur : Car tel eft notre plaifir ; en témoin de quoi, Nous avons fait mettre notre Scel à ces dites préfentes. DONNE'ES dans la Grand'Chambre de notre Augufte Parlement de Cythere, en préfence de notre honorée Mere, la Reine des Graces & de la Béauté. *Signé,*

## CUPIDON.

*Et plus bas*

Par le Roi de Cythere, MORT...

*Et Scellées du grand Sçeau de Cire Gris-de-Lin.*

## FIN.

Non Omnis Moriar